JN104592

ビジネスパーソンのための

クリティカル
シンキング入門

VUCAの時代の
思考のヒント

経営コンサルタント
株式会社ビジクル代表取締役
吉岡順次

ビジネス教育出版社

はじめに

あなたは普段から合理的な判断を行い、合理的な行動をしていますか？

また、テレビのニュースで流される報道や、コメンテーターの話を聞いて「なるほど、そうなんだ」と疑いもせずに鵜呑みにしていませんか？

「そんなことはない」と言っている人でも、「この食品は身体にいいんですよ」と言われて翌日にスーパーでその食品を探していたことはありませんか？

実際、「バナナがダイエットに効く」とテレビで放送された翌日、スーパーからバナナが消えてしまうほど売れたことがありました。バナナに限りません。テレビ番組の中で人気のあるタレントが試食をして「うわっ、これ、すっごく美味しい！」と言った途端にネット上から注文が殺到して生産が間に合わなくなった食品など枚挙にいとまがないほど、私たちは情報に対して無防備です。

さらにグローバル化とITの進歩が、世の中の変化を加速させています。同時に、変化の連鎖も複雑化しているため、ある出来事が世の中にどれほどのインパクトを与えるのかを予想することが難しくなってきています。

そのため、世界のどこかで起きた紛争や気候変動、政策転換などが、私たちの生活や仕事に思わぬ速さと大きさで影響を与えるようになっています。

　また、グローバル化とITの進歩は、個人が発信者であり受信者でもあるというSNSを初めとして情報の流通量を爆発的に増加させています。そのことでこれまで情報発信者のトップに君臨してきたマスメディアの地位を脅かしています。

　その結果、フェイクニュースが瞬く間に広まると同時に、検索結果に利用者の嗜好性が反映されて偏った情報が集まってしまうアルゴリズムによるフィルターバブルや、SNSなどで似たような思想や意見を持つ人たちが集まることで自らの思想や意見が正しいと思い込んでしまうエコーチェンバーといった現象が発生し、正しい判断が困難になっている状況を生み出しています。

　これらの状況は、各人が誤った判断を行い易くしているだけでなく、組織や企業の戦略判断のミス、延いては民主制度を通じて国家の政策まで誤らせてしまうリスクを生じさせています。

　このような予測困難な時代に求められるのは、マニュアル通りに行動することへの批判能力や、広く流

布している表層的な情報に惑わされないリテラシーです。

　既に世の中には様々な思考法が知られていて、また実践されていますが、このような混迷の時代に求められている思考法こそ本書で紹介するクリティカルシンキングです。クリティカルシンキングの詳細については本章に譲りますが、端的に言えば、自ら考える能力です。

　クリティカルシンキングは「批判的思考」とも訳されます。ところがクリティカルシンキングを批判的思考と訳すことには異論も多いのです。それは、「批判的」という言葉に物事を否定的に攻撃する印象が含まれているためでしょう。

　しかし、ここでは理解を助けるために、敢えて批判的思考の訳を紹介しています。つまり、ある情報や判断、行為に対して、「それは果たして正しいのだろうか？」と批判的な姿勢を持つことで、一旦、思い込みや習慣から逃れ、論理的かつ客観的に思考し判断し、行動することを目指す行為がクリティカルシンキングだと言えるからです。

　より踏み込んだ解釈をするのであれば、批判的というよりは、自分の知識や考えに対して「内省的思考」

を行うことがクリティカルシンキングだとも言えます。スマートニュースメディア研究所研究主幹で京都大学経営管理大学院特命教授でもある山脇岳志氏は、クリティカルシンキングを「吟味思考」と訳しています。[※1] この訳は、非常に適切だと思えます。

　クリティカルシンキングを身に付けることで、あなたも予測困難な混迷の時代をスマートに乗り越えてください。

　　※1　坂本旬、山脇岳志、他『メディアリテラシー　吟味思
　　　　考（クリティカルシンキング）を育む』（時事通信社）

Contents

はじめに

1 クリティカルシンキングとは何か

なぜ、クリティカルシンキングが必要なのか ································· 2
クリティカルシンキングとは ··· 4
クリティカルの定義は変わり続けている ································· 7
クリティカルシンキングの源流 ··· 10

2 クリティカルシンカーになるには

日本人はクリティカルシンキングが苦手？ ···························· 14
クリティカルシンキングでできるようになること ···················· 16
クリティカルシンカーとは？ ··· 20
クリティカルシンカーになるためには？ ································· 22
クリティカルシンキングに臨む姿勢 ·· 26

3 クリティカルシンキングの土台

情報リテラシーの重要性 ··· 32
クリティカルシンキングと創造性 ··· 33
知性以外に重視すべき要素 ··· 36
メタ認知の重要性 ··· 40

4 クリティカルシンキングの方法

クリティカルシンキングの基本的方法論 ……………………… 44
問題点を押さえる ……………………………………………… 47
問題を分解する ………………………………………………… 48
論理の構造とは ………………………………………………… 50
論理を助けるピラミッドストラクチャーとは ……………… 52
なぜ、論理を展開する必要があるのか? …………………… 56

5 クリティカルシンキングを発揮する

クリティカルシンキングを発揮するためのステップ ……… 62
フレームワークとは …………………………………………… 65
フレームワーク:環境分析(3C) ………………………… 67
フレームワーク:価値連鎖(バリューチェーン) ………… 71
フレームワーク:4P …………………………………………… 74
フレームワーク:PPM ………………………………………… 76
フレームワーク:ファイブフォース分析 …………………… 80
フレームワーク:SWOT分析 ………………………………… 85
フレームワーク:7つのS ……………………………………… 88
フレームワーク:バランススコアカード(BSC) ………… 94
フレームワーク:仮説思考 …………………………………… 98
フレームワークの罠 …………………………………………… 107

6 自己を疑う技術

分かったつもりという状態 ……………………………………… 112
分かったつもりの原因 「自分は理解できている」 ………… 116
分かったつもりの原因 「そうに決まっている」 …………… 118
論証に批判的に接するポイント …………………………… 120
人は思い込む存在 ……………………………………………… 124
人は持っている知識で思い込む ………………………… 127

7 問題と課題を解決する

問題とは何か ……………………………………………………… 134
課題とは何か ……………………………………………………… 135
課題設定の重要性 ……………………………………………… 137
論点は十分か ……………………………………………………… 139
前提を疑うゼロベース思考 ………………………………… 140
抽象的な正論を疑う …………………………………………… 142

8 論理の展開と非論理の批判

論法の基礎知識 ………………………………………………… 146
論法の破綻 ………………………………………………………… 148
レトリックを見破る …………………………………………… 152
レトリックに惑わされない ………………………………… 159
あなたは論理的ですか? …………………………………… 163
論理破綻は日常的 ……………………………………………… 164

9 因果関係を明らかにする

原因を推測するとはどういうことか ································· a170
原因を選択する ·· 172
因果関係があるとは ·· 174
因果関係を洗い出す手順 ··· 177
因果関係が思い込みになっていないか ························· 180

10 メディアリテラシーと クリティカルシンキング

フェイクニュースに踊らされる人々 ···························· 188
メディアリテラシーとは ··· 189
メディアリテラシーとしてのクリティカルシンキング ········· 195
メディアに接する際のバイアス ···································· 199

あとがき

1

クリティカルシンキング
とは何か

なぜ、クリティカル シンキングが必要なのか

　グローバル化とITの進歩が世の中の変化を加速していたところに来て、2019年に発生した新型コロナウイルスの感染拡大はドラスティックに人々の行動様式や価値観を変えてしまいました。また、2022年のロシアによるウクライナ侵攻は、遠く離れた日本の経済や社会にも大きな影響を及ぼし、食料や資源、製造物などあらゆるもののサプライチェーンがグローバル化していることを改めて思い知らされました。

　このように、変化が速いだけでなく、災害や紛争、気候変動など突如として人々の行動様式や価値観を激変させる可能性が高まっている現代はVUCA（ブーカ）の時代と呼ばれます。VUCAとは、Volatility（変動性）、Uncertainty（不確実性）、Complexity（複雑性）、Ambiguity（曖昧性）の頭文字で、元々は1990年代後半に米国で軍事用語として使われ始めました。特に2001年に米国で起きた同時多発テロは、それまで国家と国家で行われていた「戦争」という言葉の定義を変えてしまいました。対テロ戦争といった言葉も生まれましたが国家以外の組織が突然米国本土を攻撃

するという全く新しいキッカケから戦争がスタートしました。そして誰と戦っているのかは曖昧で、いつどのようにして終わるのかは不確実であり、国家・組織・宗教が複雑に絡み合うというまさにVUCAを象徴するような出来事でした。

そして2008年のリーマン・ショック以降は、ビジネスの世界でも不確実性や複雑性が高まり、2010年頃からはビジネスにおいてもVUCAが使われるようになりました。

そしてパンデミックや国際紛争、気候変動などのリスクが高まっている現代こそ、まさにVUCAの時代だと言われるようになっています。

VUCAの現代では、物事を判断するために費やす情報収集の時間が限られており、判断に要する時間も限られてきます。

しかも、SNSや動画投稿サービスなどの普及により、マスコミだけでなく個人が情報発信者となることが容易になり、フェイクニュースなど根拠の曖昧な情報や意図的な偏向情報が巷に溢れるようになりました。

このような現代にクリティカルシンキングを身に付けることが有効であるのは、世間に流布している情報を鵜呑みにせずに真偽を見極めようとする習慣が身に

付くことと、短時間で結論を出す思考法を身に付けられること、そして自分に経験値が蓄積されていなくても答えを出せること、自分が出した答えの根拠を説明できるようになることです。

クリティカルシンキングとは

　クリティカルシンキングの「Critical」だけを取り出してしまうと、「懐疑的な、批判的な」の意味を持っているため、ともするとただただ疑ったり批判したりするというネガティブな印象を持たれてしまいます。

　しかし、クリティカルシンキング自体はネガティブな思考法ではありません。「健全な批判精神を持った批判的思考」[※1] と解釈されることが多く、クリティカルシンキングは多くの場合「批判的思考」や「内省的思考」と訳されています。

　つまり、クリティカルシンキングにおける「批判」とは他者や他者の意見を批判することではなく、他者の意見や世間に流布している情報、あるいは習慣を無条件に受け入れようとしている自分自身の姿勢に向け

られているのです。

　いずれの試し方にせよ、私たちが日常的に行っていない思考法ではあります。私たちは、常に考えながら行動していますが、実のところ批判的思考や内省的思考を行うことは希です。むしろ、聞いたり読んだり見たりして得た情報を、鵜呑みにしていることが多いのではないでしょうか。

　そこでクリティカルシンキングを身に付けるためには、クリティカルシンキングに対する理解とトレーニングが必要になります。

　そして、クリティカルシンキングを実践するためには、次の７つの姿勢や状態にあることが必要です。

- 他者（個人あるいはメディア）から入手した情報や考え方を鵜呑みにしないこと。
- 他者（個人あるいはメディア）から入手した情報や考え方に裏付けがあるのか、信頼するに足る根拠を確認すること。
- 他者の意見に対して聞く耳を持っていること。
- 自分の持っている情報や考え方、結論にバイアスが掛かっていたり偏見があることを受け入れられること。

- 課題や問題に対して深く考えようとすること。
- 論理的に考える方法を知っていること。
- 課題や問題に取り組む際に、論理的に考える方法を適用できること。

　このうちのどれが欠けてもクリティカルシンキングを実践することはできません。課題や問題に対して深く考えようとしても、論理的に考える方法を知らなければ実践することはできないのです。

　クリティカルシンキングは、一朝一夕には身に付きません。それは、私たちがこれまでの人生で意識してこなかった思考法であるためです。残念ながら、学校教育でもクリティカルシンキングをトレーニングする機会には恵まれてきませんでした。特に受験勉強においては、正解のある問題を解くことばかりをトレーニングしてきましたので、言わば解のない問題への取り組み方が分からないまま社会に出てしまった人が大多数でしょう。

　しかし、クリティカルシンキングはその方法を知り意識して実用すれば、身に付けることが可能です。たとえば、自己流で闇雲に泳いでいても記録が伸びない人が、正しいフォームで泳ぐためのトレーニングを取

り入れることで無駄な力や動きをなくして別人のような記録を出せるようになることと同じです。

　ここで注意しなければ成らないのは、水泳における正しいフォームと正しいトレーニングは目的ではないことです。この場合の目的は、効率良く速く長距離を泳げるようになることです。

　すなわち、クリティカルシンキングという思考法は、目的ではなく手段であることを忘れないようにしてください。

　　　※1　グロービス経営大学院『グロービスMBAクリティカル・
　　　シンキング』（ダイヤモンド社）

クリティカルの定義は
変わり続けている

　クリティカルシンキングについて説明してきましたが、実は世界共通の定義はありません。その時代や提唱者ごとに定義に違いが見られます。それではクリティカルシンキングには多種多様なバリエーションがあるのかというと、そのようなわけでもありません。どの定義も、詰まるところは同じことを示しているためです。

クリティカルシンキングの定義として最も紹介され
ていると思われるのは、米国の哲学者ジョン・デュー
イ（1859〜1952年）が1910年の著書『思考の方法』
で示した次の定義です。

　"あらゆる信念または想定される知識の形態につい
て、それを支持する根拠とそれが導くさらなる結論に照
らして、積極的、持続的かつ慎重に検討すること。"（※1）

　また、米国の教育研究家であり著述家・起業家でも
あるジョナサン・ヘイバーは著書『クリティカルシン
キング』の中で、アメリカの経済学者であるエドワー
ド・グレーザー（1967〜）とクリティカル・シンキン
グ財団による定義を紹介しています。（※2）
　まず、エドワード・グレーザーの定義は次の通り
です。

　"①経験から生まれる問題やテーマを思慮深く検討
しようとする姿勢
　②論理的研究と推論の方法に通じていること
　③①と②を適用する能力"

クリティカル・シンキング財団による定義は次の通りです。

　"主題や内容や問題を問わず、思考者自身がそれらを巧みに分析、評価、再構築して、考えの質を向上させるという思考法。自発的で自律的、自己監視型にして自己修正型の思考法であり、注意深い実践と優劣に関する厳格な基準の適用を前提とする。クリティカル・シンキングは必然的に効果的なコミュニケーションと問題解決力をもたらし、生来備わっている自己中心性と、特定社会中心思想の克服に寄与する。"

　同書では、クリティカルシンキングの定義に揺らぎがあるのは、常に健全性のある議論が続けられているためであると前向きに捉えるべきだと述べています。そして各個人が自立した主体となり自ら体系的に思考できるようになることがクリティカルシンキングの最終目標だと結論しています。

　　※1　Stanford Encyclopedia of Philosophy 『Critical Thinking』（https://plato.stanford.edu/entries/critical-thinking/#DefiCritThin）
　　※2　ジョササン・ヘイバー『クリティカル・シンキング』（ニュートンプレス）『基礎からわかるクリティカルシンキング』p157〜164

クリティカルシンキングの源流

　クリティカルシンキングの源流は、古代ギリシャに
まで遡ることができると考えられています。特にソク
ラテス（紀元前470年頃〜紀元前399年）が対話にお
いて、相手が「自分は知っている」と思っていること
に疑いを持つように仕向け、「無知の知」を自覚する
ことを注視した問答法は、まさに内省的思考や批判的
思考に通じるところがあります。

　続くプラトン（紀元前427頃〜紀元前347）やアリ
ストテレス（紀元前384年〜紀元前322年）は批判的
思考を論理的かつ体系的に実践するための基礎を築き
ました。特に、アリストテレスの『オルガノン』（ア
リストテレスの死後編纂され命名された書）が論理学
の概念の基礎を確立したとされています。また、アリ
ストテレスは論理学以外にも自然学や生物・動物学、
形而上学、倫理学、政治学など、学術分野を分類しま
した。

　14世紀に入ると、ヨーロッパでは数学と科学が劇
的に進化し、特に科学では観測が重視され、ギリシャ
思想の影響を受けたニコラウス・コペルニクス（1473

年〜1543年）やガリレオ・ガリレイ（1564〜1642）らが観測により地動説を支持しました。

　合理主義哲学の祖または近代哲学の祖と呼ばれるフランスの哲学者であり数学者でもあるルネ・デカルト（1596年〜1650年）は、徹底的に疑う思考を行うために、一旦、あらゆる物事を疑い先入観を徹底的に排除しようとします。そのために、何人もその真理性を疑いえない命題以外決して受け入れず、問題を可能な限り小分けし、単純なところから考えて複雑な問題に達し、見落としがなかったか全てを見直すことを思考の規則としました。

　この方法的懐疑を徹底することを経て、自分の精神以外は全て懐疑の対象としている間は自分が思考する存在でなければならないという論拠から、「我思う、故に我あり」と表現するに至っています。

　17世紀に入るとアイザック・ニュートン（1642年〜1727年）が天体の重力による影響を研究して数式により天体運動を説明しました。彼の観察による着想を理論により裏付けるアプローチが科学的な方法論を進歩させました。

　20世紀に入ると、米国の哲学者であるジョン・デューイが反省的思考を「あらゆる信念または想定さ

れる知識の形態について、それを支持する根拠とそれ
が導くさらなる結論に照らして、積極的、持続的かつ
慎重に検討すること」と定義したことは既に紹介した
とおりです。

2

クリティカルシンカーに
なるには

日本人はクリティカル
シンキングが苦手？

　日本人はクリティカルシンキングや論理的に考えることが欧米人に比べて苦手だと言われています。

　理由はいくつか考えられますが、まず、学校教育で論理的に考えさせる授業を受けていないことが指摘されます。論理的に考えさせる授業がないのは、日本で生活する分には論文を書くなどといった特殊な目的がない限りは必要性を感じないことが原因かもしれません。

　これまでの日本の社会では、たとえば仕事を与えられた場合も一々論理的に考えてこの仕事は無駄が多いとか全体のプロセスにおいて意味がないのではないかなどと疑問を呈すると、「君は屁理屈が多いね。これまでそうしてきたのだから、つべこべ言わずに言われたとおりにやればいい」という圧がかかることが多かったのではないでしょうか。

　一方、米国では1960年代からクリティカルシンキングが教育の場で注目され、80年代に入ると小学校低学年から様々な教科の授業に取り入れられるようになっています。

また、欧米のように様々な文化的背景をもった人たちが混在して暮らしている国や地域では、論理性や目的の明快さがない表現で意思や情報を伝えてもお互いに理解し合えない可能性が高いため、日常的に論理的に考えを整理しながら伝える習慣が身に付いたと考えられます。

　一方、他国とは海で隔たれた単一民族国家と言われる日本では、ほぼ共通の文化を背景にした人たちがコミュニケーションを取っているため、論理的な説明や明確な目的を示すことは無粋であり、むしろ曖昧な表現を使い以心伝心でお互いに察し合いながら物事を進めることが好ましいとされてきました。そのため、たとえば仕事の内容が誤解された場合でも、部下の察しが悪いとされ、上司の伝え方が悪かったとは批判されにくい雰囲気があったのではないでしょうか。

　さらに、欧米では主張と人格は切り離して考える傾向があるため、相手の主張に反対でも相手の人格を否定するとは限りません。

　しかし、日本では相手の主張を否定すると人格まで否定したと捉えられ、人間関係を悪化させてしまうリスクがあります。そのリスクを避けるために、白黒はっきり付けるよりは、人によって都合の良い解釈が

できる玉虫色の結論を出そうとする傾向があります。

　その結果、本当の意味での解決を避ける傾向があるため、一時的には一件落着しているようでも、何度でも同じ問題点が浮上する可能性が高くなります。

　さらに、日本では常識的であることが好ましいとされるため、たとえ理不尽なことでも異を唱えずに従うことが評価される傾向があります。ここで言う常識的とは、多くの人と同じ価値観を有していることを示します。このときに、論理的な矛盾点などを指摘して異を唱えると、「変わった人だ」とか「天邪鬼だ」として、協調性を欠く人物だと見なされることもあります。

　以上のことから、日本人はクリティカルシンキングが苦手なのではないかと考えられるのです。

クリティカルシンキングでできるようになること

　それでは、クリティカルシンキングを身に付けるとどのようなメリットがあるのでしょうか。以下に見ていきます。

● 本質に着目できる

クリティカルシンキングは物事の本質を問いかける思考法です。常に「なぜなのか」、「正しいのか」という疑問を持つことで、不要な情報や主観的な思い込みを取り除き、矛盾点に気付くことで、客観的で本当に重要な情報だけを抽出することができるようになります。

その結果、現在の問題や課題を解決する方法を見つけ出すことができ、その方法を分かりやすく説得力を持って説明できるようになります。

● 問題解決能力を高められる

一つの問題が発生する要因が複数である場合、完璧な解決方法を見つけることは困難です。一見、最適な解決方法に思えても、何かしら足りない面が残ります。それは、問題の本質を隠してしまう余計な情報や主観的な思い込みが取り除かれていないためです。

しかし、クリティカルシンキングは物事の本質を見極めるための思考法ですので、問題の本質を抽出することで効率的な議論を進めることができ、合理的な解決方法を導き出すことができます。また、余計な情報や主観的な思い込みにより解決方法が見いだせずに行

き詰まっている状況を打破することも可能です。

　問題解決能力が高まれば、企業の経営課題の解決
や、社会的な課題の解決に貢献することができます。

● 新たな視点を持つことができる

　クリティカルシンキングでは物事の本質を抽出しよ
うとするため、一見解決策に見える意見や考えに新た
な視点から疑問を投げかけることができます。

　たとえば、ある作業を10日間で終わらせるために
は人件費を掛けて作業要員を増員する必要があるとい
う意見が出されても、「そもそもその納期は妥当なの
か」や「作業プロセスに無駄な工程があるのではない
のか」、「今、前提としている完成度は妥当なのか」な
どといった新たな視点を提供することで、人件費を増
やす方法を採用せずに解決するための糸口を見つける
ことができるかもしれません。

● 発想力を高められる

　クリティカルシンキングは新たな視点を持つことが
できるので、発想力を高めることができます。

　たとえば、カーナビゲーションの市場競争力を高め
るために、より高機能にしなければならないという結

論が出されたとします。そのため、どのような機能を追加すべきかという問題に囚われて議論が膠着状態になっているときに、そもそも多くのユーザーは今装備されている機能すら不要で、本当に利用されている機能だけに絞り込み使い勝手が良く低価格の製品にすることで競争力を高められるのではないか、という案を提示することで膠着状態を脱せられる可能性があります。

● 判断力を高められる

　自分や他者の出した結論に対し、目的を再確認し結論に至った根拠を客観的に検証することで、結論の不足部分や矛盾点に気付きやすくなりリスクを回避できるようになります。

　また、主観や周りの思惑を排除して事実に基づいて客観的な判断を行えるようになります。

● コミュニケーションを円滑にする

　相手の話を主観的な思い込みや感情に惑わされることなく事実に基づいて論理的に解釈し、その結果出された結論を、筋道を立てて説明できるため、他者の理解を得やすくなりコミュニケーションが円滑になります。

● 好奇心が高まる

　仕事上でも日常生活の上でも、接した事象に対して常に懐疑的に理解しようとするため、幅広いテーマに関して興味を持てるようになります。

● リーダーシップを養える

　クリティカルシンキングを身に付けることで、常に自分の頭で考え、事実に基づいた客観的な判断を冷静に行うことができるため、部下やチームをより適切な方向に導くことができるリーダーシップを養うことができます。

クリティカルシンカーとは？

　クリティカルシンキングのメリットが分かったところで、次はクリティカルシンキングを実践できるクリティカルシンカーの特徴について紹介します。

　E.B.ゼックミスタとJ.E.ジョンソン共著の『クリティカルシンキング　入門編』（北大路書房）では、「ダンジェロ（D'Angelo）が提唱した優れた思考力を持

つ人の10の特徴」を紹介しています。これはそのま
まクリティカルシンカーの特徴としても当てはまりま
すので、引用します。

　①知的好奇心 ── いろいろな問題に興味を持ち、
　　答えを探そうとすること
　②客観性 ── 何かを決める時、感情や主観によら
　　ず、客観的に決めようとすること
　③開かれた心 ── いろいろな立場や考え方を考慮
　　しようとすること
　④柔軟性 ── 自分のやり方、考え方を自在に改め
　　ることができること
　⑤知的懐疑心 ── 十分な証拠が出されるまでは、
　　結果を保留すること
　⑥知的誠実さ ── 自分と違う意見でも、正しいも
　　のは正しいと認めることができること
　⑦道筋立っていること ── きちんとした論理を積
　　み重ねて結論に達しようとすること
　⑧追求心 ── 決着がつくまで考え抜いたり議論を
　　したりすること
　⑨決断力 ── 証拠に基づいてきちんと結論を下す
　　ことができること

⑩他者の立場の尊重 —— 他人の方が正しい場合は、それを認めることができること

〈出典：E.B.ゼックミスタ、J.E.ジョンソン『クリティカルシンキング　入門編』（北大路書房）〉

　以上は、クリティカルシンカーたる者の特徴であると同時に、クリティカルシンキングを実践する際の心構え・姿勢を示していると言えるでしょう。ですから、クリティカルシンカーを目指す人は、このリストを常に確認できるところに貼り出したり綴じたりしておき、何か問題を解決しようとする度に読み直して、現在の自分がこれらの心構え・姿勢を忘れていないかチェックするようにしてはいかがでしょうか。

クリティカルシンカーになるためには？

　前項でクリティカルシンカーの特徴として心構えや姿勢を示しましたが、これらの姿勢や心構えがあればクリティカルシンカーになれるのでしょうか。

　いや、自分は察しが悪いし頭の回転も鋭い方ではない。かといって、難解な理論を学んで脳を筋トレのよ

うに鍛えることもできるとは思えない。だから、とても クリティカルシンカーにはなれそうもない ── と 思われている人もいるかもしれません。

　しかし、クリティカルシンキングは学ぶことができ ますし、技術として習得することもできます。つま り、思いの外単純な思考の原則を知ることで、思考方 法を身に付けることができるのです。

　闇雲に力んで考えるのではなく、原則に沿って考え ることでクリティカルシンカーになれます。原則に 沿って考えることは、多くの人が日常でも自然に行っ ています。

　たとえば、スーパーである商品を買おうとしたと き、ごく自然に店内の天井や商品棚の上に設置されて いる案内板を見て、商品がありそうなコーナーに行 き、もしもそこになければ次に関連のありそうなコー ナーに行くなど、目的の商品を探す際の原則に従って 探しています。闇雲に店内を隅から隅まで見て回る人 は少ないでしょう。

　クリティカルシンキングも同じように、原則に沿っ て考えることで、効率良く結論を導き出すことができ ます。ただし、クリティカルシンキングの原則は、 スーパーで商品を探すように個人的に試行錯誤しなが

ら自然と身に付けた我流の原則とは異なります。むしろこれまでの人生で自然と身に付けた思考法を改める必要があるかもしれません。

たとえば、E.B. ゼックミスタと J.E. ジョンソン共著の『クリティカルシンキング　入門編』（北大路書房）では、多くの人が陥りやすい思考の一つとして「基本的帰属錯誤」に囚われないように注意が促されています。基本的帰属錯誤とは、人は他人の行動の原因を考えるとき、その他人を取り巻く状況よりも、その他人が持つ個人的な性格や能力を重視しがちであることです。

たとえば、会社の同僚が仕事でミスを犯したとき、その原因として「なんて不注意なのか」とか「どうやら向いていないようだ」などと考えてしまいがちなのです。つまり、その同僚の性質や能力に原因があると考えがちです。

しかし、実際の所はそもそも仕事の量と期限に無理があったのかもしれませんし、作業を指示した上司の説明不足や指示ミスだったのかもしれません。あるいは作業環境が劣悪だったことも考えられます。

クリティカルシンキングを身に付けることとは、このように人が生きてきた中で自然と身に付けてしまっ

た原則を改めることでもあります。つまり、今まさに本書を読んでいるあなたは基本的帰属錯誤について知ったことで、他人の行動の原因をクリティカルシンカーとして考える原則を身に付けたと言えます。

　トヨタ自動車の有名な「なぜなぜ分析」では、問題が生じたときに「なぜ」を5回繰り返すという思考方法の原則を活用することで原因を突き止めようとします。

　たとえば、「残業が減らない」という問題があれば、「なぜ、この部門の残業が減らないのか→この部門の仕事が間に合わないから」、「なぜこの部門の仕事が間に合わないのか→この部門では一人当たりの仕事量が多いから」、「なぜ、この部門では一人当たりの仕事量が多いのか→この部門の作業要員が足りないから」、「なぜ、この部門の作業要員が足りないのか→他の部門よりも自動化が遅れているから」などと原因を深掘りしていきます。

　原因の深掘りができれば、原因が具体化されますので、対応策を講じやすくなります。

クリティカルシンキングに臨む姿勢

　クリティカルシンキングの本を手にされた方であれば、ロジカルシンキングという言葉をご存じでしょう。いえ、知っているだけでなく、既に実践されているかもしれません。

　そのような方であれば、なぜ、ロジカルシンキングではなくクリティカルシンキングなのか、あるいはそもそもクリティカルシンキングは論理的に考えるのでロジカルシンキングなのではないかと疑問を持たれたかもしれません。実際、クリティカルシンキングにおいても、論理的に考えることは重視されています。

　とはいえ、クリティカルシンキングでは、論理的に考えること自体についても懐疑的であろうとします。それは、ロジカルシンキングには落とし穴があるためです。つまり、「論理的に考えよう」と思った時点で、多くの人は「この問題は論理的に考えれば一つの正解にたどり着くはずだ」と「思い込んで」います。

　クリティカルシンキングでは、この「思い込み」すらも排除します。つまり、正解があるのかどうかも分かりませんし、正解が一つとは限らないかもしれな

い、と疑うのです。

　たとえば、ノートブックパソコンの売上が急増したとき、ちょうど大がかりな販促キャンペーンを打ったマーケティング部間の担当者は、「キャンペーンの効果が現れた」と手応えを感じるかもしれませんが、法人営業部の担当者は、「いや、感染症拡大によりテレワーカーが急増したせいだ」と捉えるかもしれません。

　このように、論理的な思考には人それぞれの論理が成り立つ可能性があります。一方、クリティカルシンキングではある事象に対して客観的にどのように見ることが妥当なのかを考え続けます。この間のクリティカルシンキングに必要な基本姿勢として、グロービズ経営大学院著の『グロービズMBAクリティカル・シンキング』（ダイヤモンド社）では、次の3つを掲げています。

- 目的は何かを常に意識する。
- 自他に思考のクセがあることを前提に考える。
- 問い続ける。

　一つずつ確認しておきましょう。
　「目的は何かを常に意識する」とは、そもそも今考

えていることは、何のためなのかを意識し続ける必要があるということです。よく、業務改善の会議などで、あるプロセスの業務を改善することが目的だったにもかかわらず、いつの間にかどのようなツールを導入するべきかどうかの話し合いに変化してしまっていることがあります。

　このような場合は、もう一度、何のための会議だったのかを思い出し、その業務を改善するためにそもそもツールが必要なのか、それとも人員の確保が必要なのか、あるいは全体の生産性を高めるために、その業務プロセス自体が本当に必要なのかといったことを考える習慣を身に付ける必要があります。

　次に、「自他に思考のクセがあることを前提に考える」とは、ある事象に対してその原因を考えるとき、人により考え方に偏りが生じてしまうことを常に考慮する必要があることです。

　先に取り上げた例の様に、あるメーカーでノートブックパソコンの売上が急増した際、その原因をマーケティング部門の担当者は直前に打っていたキャンペーンの成果だと考えようとするクセがありますし、法人営業部門の人は、感染症拡大によるテレワーカーの増加が原因だと考えるでしょう。もし、店頭での販

売台数が伸びていれば、量販店担当者はインターネット回線の手続を抱き合わせにした販売戦略が効を成したと考えるかもしれません。

　そこでクリティカルシンカーは、それぞれの意見に思考のクセがあることを見抜き、実際にどのチャネルでの注文が多かったのか、売れ行きが急増したタイミングはいつだったのかなどの基本データの分析から始めようとします。

　そして「問い続ける」とは、一見、結論に達したと思えても、そこで思考を止めずにさらに問い続けることを示します。『グロービスMBAクリティカル・シンキング』では、この考え続ける際に利用する問いかけの言葉は「So what?（だから何なの？）」「Why?（なぜ）」「True?（本当に？）」だと提案しています。

　これは先に紹介したトヨタ自動車の「なぜなぜ分析」と同様の思考ツールだと言えます。

　たとえば、ノートブックパソコンの売れ行きが急増したという報告があれば、「なぜ急増したのか」と問います。これに対して調査の結果、感染症拡大が原因だったと答えが出されれば、「なぜ、感染症拡大がノートブックパソコンの売上を伸ばしたのか？」と問いかけます。その結果、感染症拡大により企業がテレワー

クを導入する例が増加したためだ、という答えが出れ
ば、「なぜ、企業がテレワークを導入したことがノー
トブックパソコンの売上を伸ばしたのか？」とさらに
問いかけます。すると、企業が社員のテレワークを実
現するためには、既存の据え置き型パソコンを社員の
自宅に移動するのが困難だからだ、との答えが出れ
ば、さらに「なぜ既存の設置型のパソコンでは社員の
自宅に移動するのが困難なのか？」と問いかけること
で、既存の据え置き型パソコンではWi-Fiに対応して
いないことや家庭によっては設置スペースの確保が困
難なこと、搬送コストが掛かること、などとより具体
的な理由が洗い出されてきます。

3

クリティカルシンキングの
土台

情報リテラシーの重要性

　ある課題や問題に対処しようとしたとき、あるいはある情報に接して自分なりに解釈しようとしたとき、人により異なる答えが出るのは、背景として持っている知識の量や偏りによるところが大きいでしょう。たとえば、ロシアがウクライナに軍事侵攻したというテレビのニュースを視たとき、「突然軍事侵攻するなんてロシアはなんという卑劣な国なのだ」と即時に判断する人もいれば、それまでのロシアとウクライナの歴史的な関係の変遷に関する知識から「なるほどそう出るしかなかったか」と判断する人もいます。あるいはNATOとの関係も視野に入れた地政学的な解釈をする人もいるでしょう。

　つまり、ある事象に対する思考を深めるためには、背景となる知識の量や範囲も重要になってきます。特に、このようなニュースが飛び込んできたときには、知識量が少なすぎるとフィルターバブルやエコーチェンバーの影響を受けて正しい判断ができなくなります。

　フィルターバブルとは、インターネットの検索エンジンのアルゴリズムが、ユーザーごとに知りたくない

ような情報を遮断してしまう仕組みです。また、エコーチェンバーとは、たとえばSNSなどで自分と似た意見や思想を持った人たちが集まって発言し合うことで、自分の考えや価値観が肯定されたと勘違いし、さらに似た意見や思想の人たちが交流し合って特定の考えや価値観を増幅させてしまう現象です。

このような状態では、たとえクリティカルシンキングの原則に沿って考えを巡らそうとしても、いつのまにか偏った結論を出してしまいかねません。

したがって、クリティカルシンキングは思考法とはいえ、これを有効に使いこなすためには、幅広い知識を持っていることや偏らずに情報を集められるリテラシーが必要です。少なくとも、現在直面している課題や問題に対する知識だけは増やしておく必要があるのです。

クリティカルシンキングと創造性

クリティカルシンキングでは事実と論理を重視します。しかし、最も重要なことは創造性です。創造性は事実や論理と相容れないと考えられますが、偉大な発

見や発明、思想などは、高い創造性なしでは生まれなかったといえます。

　思考のトップに創造性があると考えるためのヒントとして、教育の指針とされるブルームの分類法があります。ブルームの分類法はアメリカの教育心理学者であるベンジャミン・サミュエル・ブルーム（1913～1999年）が提唱した、教育において学習者が身に付けるべき学びのレベルの体系的な分類です。

　この分類では低いレベルから高いレベルに向かって知識（Knowledge）、理解（Comprehension）、応用（Application）、分析（Analysis）、統合（Synthesis）、評価（Evaluation）に分類されています。後にこの分類は名詞から動詞に改訂され、覚える（Remember）、理解する（Understand）、応用する（Apply）、分析する（Analyze）、評価する（Evaluate）、創造する（Create）に置き換えられています。

　このブルームの分類法から、思考の頂点に創造性が位置づけられていることがわかります。

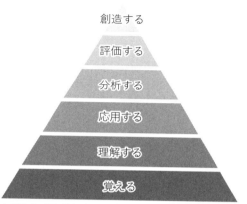

創造する

評価する

分析する

応用する

理解する

覚える

〈出典：『学んだことが定着しやすい学習環境を作る：ブルームのタキ
ソノミーとは？｜Katsuiku Academy』（https://www.katsuiku-academy.
org/media/learning-environment-2/）〉
上記を参考に著者作図

　たとえば、最も実証主義的である科学者も、理論や
観察だけで新しい着想を得ているわけではありませ
ん。むしろ未知の法則や現象を発見するためには、創
造的な活動（着想）が必要となります。これは芸術の
分野においても同じことが言えます。

　たとえば、スマートフォンや掃除ロボットは米国の
Apple 社や iRobot 社が世界に先駆けて発明したと思
われていますが、実は両製品とも日本の企業が先にア
イデアを持っていたと言われています。ところが、
マーケティング調査の結果やリスク上の問題から製品

化していなかったと言われているのです。この話が事実かどうかは別として、とても示唆に富んだ話だと思えます。

　つまり、これまでになかった、市場規模が未知である製品を世に出してヒットしたという優れた着想は、必ずしもデータや理屈から生まれたのではなく、想像力の賜物だったということではないでしょうか。

知性以外に重視すべき要素

　ここまで、クリティカルシンカーになるためには思考の原則を知ることやクリティカルシンキングに臨む姿勢、情報リテラシー、そして創造性が必要であると語ってきました。しかし、クリティカルシンキングを実践するためには、実践者が知的特性を持つことも必要とされます。

　たとえば、自分の知識や思考力には限界があることを認識できる謙虚さや、自分の思考した結果を正しいという信念を持てる勇気、あるいは公正さを守ろうとする倫理観などです。これらについて、アメリカでク

リティカルシンキング教育の普及を支援しているクリティカルシンキング財団（The Foundation For Critical Thinking）では、クリティカルシンキングを実践するためにクリティカルシンカーが持つべき個人の特性について下記の様に紹介しています。以下はクリティカルシンキング財団のWebサイト[※1]より著者が要約したものです。

● 知的謙遜

　自分の知識の限界を意識することです。つまり、自分が実際に知っている以上のことを主張すべきではないという認識です。これは従順でトゲがないことを意味するのではなく、自分の信念の論理的基盤の欠如により誇大さや自慢、うぬぼれを避けられる特性です。

● 知的勇気

　学んだことを受動的かつ無批判に受け入れない勇気が必要です。特に社会的に危険であるとかばかげているなどと批判されている考えに真実が見られる場合があります。このような社会集団に強く指示されている歪みや虚偽に対して、自分の考えに忠実であろうとする勇気が必要です。

● 知的共感

　他者を真に理解するために、想像力を働かせて他者の立場に身を置き換える必要性を意識することです。この特性には、他者の視点や推論を正確に再構築する能力や、自分以外の前提や仮定、考えから推論する能力が関係しています。自分が正しいと強い信念を持っているにもかかわらず、過去に間違っていたことがあったことを思い出す意欲や、自分が欺されているかもしれないことを想像する能力にも関係しています。

● 知的誠実性

　自分の考えに忠実である必要性を認識することです。自分の敵対者に対して当てはめている厳格な論拠の基準を自分にも適用し、自分の考えや行動の矛盾があれば正直に認めることです。

● 知的忍耐

　困難や障害、フラストレーションがあろうとも、知的な洞察と真実の追究の必要性を意識することです。他者からの不合理な反対に遭っても、合理的な原則を遵守し、より深い理解や洞察を得るために、様々な混乱や問題と戦い続けられる特性を持つことです。

● 理性への信仰

　たとえ時間がかかっても、理性を最大限に発揮することや合理的な能力を開発することが人類全体の利益になるという確信を持つことです。また、適切な励ましと育成で人々が自分で考え、合理的な視点を形成し、合理的な結論を導くことと、首尾一貫した論理的考えでお互いに説得し合い、道理に適った人間になることができるという信念を持つことです。

● 公正な心

　自分の感情や既得権益、あるいは友人や地域社会、国家の圧力に左右されず、どのような視点にも公正に接する必要があることを意識することです。自分の利益や自分の属する団体の利益に影響されず、知的基準に従うことです。

> ※1　THE FOUNDATION FOR CRITICAL THINKING：
> 『The National Council for Excellence in Critical Thinking』（https://www.criticalthinking.org/pages/the-national-council-for-excellence-in-critical-thinking/406）

メタ認知の重要性

　クリティカルシンカーが持つべき特性を上げましたが、これらの特性を自分が持てているかどうかを把握するためには、現在進行中の自分の思考や行動の状態を認識するメタ認知の能力が必要になります。メタ認知のメタとは「より上位の」を示しますので、メタ認知とは認知の上位の認知となります。

　そこで認知とは何かというと、考える・感じる・記憶する・判断するなど自分を取り巻く状況を認識して応じる活動です。たとえば現在本書を読んでいる自分の状況を客観し、「きちんと理解できているな」とか、「今のところは分からないまま読み流したな」といった判断をしている状態がメタ認知の例です。

　あるいは、クリティカルシンキングについて、自分は現在、どれほどの知識を持ち、どれくらい理解できているのかを客観的に把握していることもメタ認知です。つまり、メタ認知とは、自分の思考プロセスを理解する能力だとも言えます。

　人はどれほど理性的かつ合理的に思考し行動しているように思えても、いかほどかの情報操作や感情の影

響を受けていると考えられます。このことも理解した上で、自分の現在の認知状態を認知することができれば、人の理性の欠陥とも言える部分を見つけ出して軌道修正することができるでしょう。

このことは、他者に対する寛容さにも影響します。人はともすれば自分にとって都合の良い情報を選択しがちですし、自分にとって心地よい結論を導き出そうとします。そのため、他者の考えが自分の意にそぐわない場合は対立するか無視しようとしてしまいます。

しかし、自分のそのような状況をメタ認知によって客観視することができれば、自分が知らない知識や持ち合わせていない考え方について、積極的に取り入れて冷静に評価することができるようになります。

その結果、場合によっては自分の知識や考えを改める方が合理的であると冷静に判断できます。あるいは、新たな発想を得られる可能性もあります。

もし、それでも受け入れられない知識や考えであれば、理路整然と反論し、より合理的な知識や考えに向けて説得できるはずです。

このように、メタ認知の能力を高めることはクリティカルシンキングの能力を高めることになりますので、当初は解決不可能だと思えた問題を解決に導ける

可能性が高まります。

4

クリティカルシンキングの
方法

クリティカルシンキングの
基本的方法論

　既に第2章で、クリティカルシンカーになるためには闇雲に考えるのではなく、原則に沿って考えれば良いとお話ししました。

　そこでここからは、より具体的にクリティカルシンキングを実践するための思考の原則について説明します。

　クリティカルシンキングにおける思考の原則は、問題点を抑えて分解し、論理展開をして全体の構造を把握することです。

　問題点を抑えるには、大枠を捉える必要があります。たとえば、あるメーカーで新製品の開発が遅れていることが問題になっていたとします。

　この場合、「新製品の開発が遅れている」ことが問題ではあるのですが、大まかすぎて解決方法を打ち出せません。そこで、問題点を分析します。

　問題点を分析するためにはフレームワークを活用することが効率的です。ビジネスにおいては既に4PやPPM、ファイブフォース分析など様々な分析手法が確立されていますが、これらについては改めて後述し

ます。ここではフレームワークを理解しやすくするために、古典的な「5W1H」で考えてみましょう。

5W1Hとは、もともと欧米で記事を書く際に必要とされるフレームワークの「5W」に、日本で「1H」が加えられたものだとされています。

「5W1H」はWhen（いつ）、Where（どこで）、Who（誰が）、What（何を）、Why（なぜ）、How（どのように）を示します。たとえば、メーカーの新製品開発が遅れている件について、以下の様に分析できるでしょう。

When（いつ）：試作品の作成工程で
Where（どこで）：第3開発部で
Who（誰が）：試作品作成者が
What（何を）：試作品を
Why（なぜ）：手作業であるため
How（どのように）：当初の計画より1週間余計に費やしている

となりました。

このようにフレームワークを当てはめて問題点を分析した結果、新製品開発が遅れているのは、試作品

の製造過程に時間が掛かっているためだと特定できました。

　単に「新製品の開発が遅れている」では解決策を立てられませんが、問題が細分化されたことで原因が特定でき、解決策を立てやすくなります。

　この例であれば、試作品の作成期間を短縮することで新製品の開発期間を短縮できることが分かりました。そして、現在手作業で作成している試作品の製作工程をパーツ単位で手分けできないのか、あるいは3DCADで設計しているのであれば、3Dプリンターを使って自動化できるパーツがないのかといった検討を始めることができます。

　このようなフレームワークはオリジナルで設定しても構いません。たとえば営業車を購入しなければならない場合に、どのようにして車種を選択すれば良いのかという課題があったとします。この場合も漠然と車のカタログを眺めるのではなく、「価格、燃費、商品サンプルをどれだけ搭載できるか」などを検討すれば良いなどと考えることができます。

　つまり、目的を果たすためにはどのような枠組みで考えれば良いのかを押さえればよいのです。

問題点を押さえる

　クリティカルシンキングを実践するためには、問題や課題といったイシューを明確に設定しなければなりません。問題や課題の設定が不明確なままでは考えが脱線してしまい、テーマを見失って雑談をしている会議のように、いつまでも答えが出ないまま、何やら「たくさん考えた感」だけが残ります。

　また、一旦問題や課題を定めたら、考えたり議論したり、あるいは調べたりしている内に問題や課題を見失ってしまわないように、常に確認し続ける必要があります。

　ところが、問題や課題を設定することが難しい場合もあります。

　たとえば、営業部に中途採用で採用したＡさんが、外回りをせずに席でパソコンばかりいじっているのは良くないのではないか、という他の部員たちからの声が聞かれるようになったとします。

　しかし、Ａさんの売上は部の中では平均より高い状態を維持できています。上司としては、他の営業よりも楽をしている様に見えてはいるものの、結果を出せ

ているので注意はしにくい。

　このとき、何を問題とすべきでしょうか。外回りを
しない部員が部の全体の和を乱して他の部員のモチ
ベーションを下げていることでしょうか。それとも、
外回りをしなくても平均を上回る売上を上げているＡ
さんの存在から、これまでのやり方が効率的ではな
かったのではないかと懐疑的になることでしょうか。
あるいは、Ａさんを営業部に配属しておくことが会社
にとって利益になるかどうかを検討することでしょう
か。あるいは、そろそろ営業部をフィールドセールス
部門とインサイドセールス部門に分けるべきではない
のかと検討することでしょうか。

　つまり、問題や課題を設定するためには、今どの立
場で問題を解決しようとしているのかを見極める必要
があります。

問題を分解する

　問題や課題を設定しても、漠然と考えていては考え
方に漏れが生じます。そこで、漏れが生じないように

問題に枠組みを与えます。別の言い方をすれば、問題をより小さな問題に分解するのです。

　たとえば、新製品の部品の仕入れ先を選定しなければならない場合、「どの部品供給会社がよいか」といった大まかすぎる問題設定では、適切な回答を導き出せません。おそらく、日頃の付き合いが良い営業担当者がいる会社を選んでしまったり、単に安いというだけで選んでしまったりする可能性があります。あるいは、知名度や選定者の好みで選んでしまうかもしれません。

　そこで、より合理的な選定ができるように、検討すべき問題を細かく分解します。たとえば、「スペックが当社基準を満たしているか」「品質は安定しているか」「仕入単価は新製品の販売価格から逆算して許容範囲内か」「供給能力は十分か」「納期は適正か」「企業の財務状況は健全か」などです。

　このように問題を分解すれば、より合理的な回答を導き出せますし、考えに漏れも生じなくなります。また、客観性も高くなりますので、上司や経営陣に対する説得力も出てきます。

　問題を分解するのが難しい場合は、後述する4PやPPM、ファイブフォース分析などのフレームワーク

を利用したり、既に「クリティカルシンキングの基本的方法論」で紹介したように「5W1H」で分解したりしてみると良いでしょう。

論理の構造とは

　問題や課題に対して出した答えが論理的かどうかは、論理的な構造を持っているかで判断できます。論理的な構造を持っている考えは、論理的に説明することもできるはずです。

　最も基本的な論理構造は、問題や課題に対しての答えを出せているかどうかです。たとえば、製品の品質チェックに漏れが生じているという問題に対して、「チェック要員を増やします」では答えになっていません。なぜなら、なぜ要員を増やすと品質チェックの漏れがなくせるのかについての根拠や因果関係が不明なためです。

　一方、品質チェックの漏れが生じている問題に対して、「チェックリストを改善し、チェッカーがこのチェックリストに従ってチェックすることでチェック

漏れをなくします」であれば、品質チェックの漏れを
なくす根拠と因果関係が明らかになっているので、問
題に対する答えを出せていると言えます。

　次に、答えが論理的であるための根拠を漏れなく示
せなければなりません。品質チェックの漏れを改善す
るためにチェックリストを改善することが有効である
理由を押さえます。たとえば、「チェックリストを使
えば経験や勘に頼らずに、これまで漏らしていた
チェック項目も必ずチェックすることになる」こと
や、「同じチェックリストを使用することで、チェッ
カーごとのチェック項目の揺らぎを解消し、属人的な
チェック能力に依存しなくなる」などです。あるい
は、「チェック漏れが生じる度にチェックリストを改
善すれば、チェック漏れはゼロに近づく」ことも項目
に上げられるでしょう。

　以上のように思考を論理的にするためには、次のピ
ラミッドストラクチャーを利用することも有効です。

論理を助けるピラミッド
ストラクチャーとは

　ピラミッドストラクチャーは後述するロジックツリーと共に、論理的な思考を行うためのフレームワークです。ピラミッドストラクチャーはアメリカのコンサルタント企業であるマッキンゼー・アンド・カンパニーで開発され、今では世界中のコンサルタントをはじめビジネスパーソンが思考を整理したり図式化したりする際に活用しています。

　ピラミッドストラクチャーはロジカルシンキングで紹介されることが多いのですが、クリティカルシンキングにおいても活用できます。ある結論に対して論理的に正しいことを確認したり説明したりする際に有効です。

　ピラミッドストラクチャーはその名の通り、情報をピラミッド型の図に整理する事ができますが、その階層数や各階層に当てはめる内容については柔軟性があります。

　たとえば、最もシンプルな3階層で、頂上に結論を置き、2階層目には根拠を置き、3階層目に事実を置くのも良いでしょう。

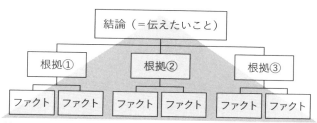

結論を頂点に根拠がピラミッドのように積み重なっているので、ピラミッドストラクチャーと呼ぶ

〈出典：『【ロジカルシンキングとは】すぐに実務に活かせる、基本知識をご紹介｜okunote｜意思決定を促すパワーポイント資料作成研修・資料作成代行』（https://okunote.co.jp/news/961/）〉
上記を参考に著者作図

　また、4階層にして、たとえば頂上にメインメッセージを置き、2階層目にキーメッセージ（メインメッセージの根拠）、3階層目に根拠を置き、さらにその各根拠の根拠（事例などでも可）を置いても構いません。

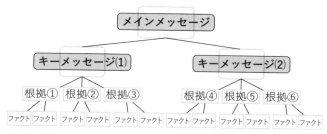

〈出典：『【ロジカルシンキングとは】すぐに実務に活かせる、基本知識をご紹介｜okunote｜意思決定を促すパワーポイント資料作成研修・資料作成代行』（https://okunote.co.jp/news/961/）〉
上記を参考に著者作図

論理を助けるピラミッドストラクチャーとは

このように、ピラミッドストラクチャーはテーマに合わせて複雑にしていくことができます。

　今は頂点から説明しましたが、逆に底辺から説明すれば、集められた情報（事例など）をグルーピングして、要約した内容を上の階層に置くことでも成立させることができます。

　ピラミッドストラクチャーを作成することで、結論に至った過程を整理でき、他者に説明する際にも論理的になります。

　ピラミッドストラクチャーはロジックツリーにも似ていますが、役割が異なります。ロジックツリーについては後ほど詳しく説明しますが、ここではピラミッドストラクチャーとの違いを確認しておきましょう。

　まず、図化した際の形状が異なります。ピラミッドストラクチャーは頂点から下に向けて広がる三角形の形をしていますが、ロジックツリーは左側に頂点を置き、右に向かって広がります。

　次に用途ですが、ピラミッドストラクチャーはある結論の正しさを説明・説得するために用いられます。結論に対して「なぜならば」という関係性で階の要素を参照するためです。一方、ロジックツリーは問題の

要素を分解して原因を明らかにしたり解決策を導いたりするための思考支援ツールとして使われることが多いと言えます。

　つまり、ピラミッドストラクチャーが根拠を説明して他者を説得する際に多く使われるのに対して、ロジックツリーは問題を分解して解決策を見つけ出す際に使われることが多いと言えるでしょう。

　ですから、もしもあなたが誰かに自分の結論を説明するのであれば、ピラミッドストラクチャーを作成して、頂点の結論からピラミッドの下に向かって根拠や事例を説明していけば、説得力が出ます。これは、相手になぜそうなのかを体系的に説明していることになるためです。

　ピラミッドストラクチャーを活用する手順としては、頂点の問題や課題に関する情報を集めたらグルーピングします。グルーピングすることで情報を整理できるため、情報収集の段階ではジャンルを絞ることは必要ありません。むしろ、あらゆるジャンルから情報を収集します。

　情報をグルーピングしたら、各グループの情報からメッセージを抽出して上の階層に置きます。グルーピングした情報からメッセージを抽出する際には、これ

らの情報から何が分かるのか、あるいは、何を証明できるのかを考えます。

抽出したメッセージがこじつけになっていないか注意しましょう。

なぜ、論理を展開する必要があるのか？

何かを主張したり説得したりする際に、いたずらに結論を述べても説得力がありません。一方、論理的な説明がなされれば、説得力が増します。たとえば、ビジネスの場であれば、会議やプレゼンテーション、交渉などで常に論理的に説明することができれば、目的を達成しやすくなるでしょう。

より具体的には、論理を展開することで次の様なメリットを得られます。

まず、自分の考えを整理したり、相手の主張を理解したりする力が向上します。特に、相手が説明しているときに、どのような論理展開をしているのかを見抜くことができるようになります。その結果、相手の論理が飛躍している場合でも、その省かれた部分にどの

ような論理があるのかを推測することができるように
なります。

　次に、相手の主張やメディアに流れている情報につ
いて誤りを見つけやすくなり、反論を行い易くなりま
す。これは、論理的な思考法が身についていれば、相
手の主張やメディアが流している情報の矛盾点や飛躍
している部分に気付きやすくなるためです。

　次に、自らの主張に説得力を持たせることができま
す。結論を述べる際に、常に根拠を示すことができる
ようになりますので、相手が理解し、納得しやすくな
ります。

　そして、柔軟性を獲得することもできます。ある結
論にたどり着いたときに、その結論を出すための根拠
となった情報や前提条件がもしも変わっていたとした
ら、という推定をした場合に、柔軟に結論を変えるこ
とができます。

　このように、論理を展開することには幾つものメ
リットがありますが、論理的な展開を行うためにはど
のような思考が必要になるのでしょうか。

　実は、論理的な思考はことさら意識しなくても日常
的に実践していることがあります。それは演繹法と帰
納法です。

たとえば、「企業は環境に配慮していることをアピールした方がイメージが良くなる」という情報を持っていたときに、「営業用に自動車を購入する必要がある」という課題があれば、「それならハイブリッド車か電気自動車を購入すべきだ」という結論を出すことはごく自然に行われています。このような2つの情報を関連づけて結論を出すことを演繹法と呼びます。

　一方、「A駅前の中華料理店では700円台のランチメニューが最も売れている」と「A駅前のファミリーレストランでは800円台のランチメニューが最も売れている」、そして「A駅前のカフェレストランでは700円台のランチメニューが最も売れている」という情報から、「A駅前の飲食店でランチメニューを出すのであれば、800円以下が望ましい」という結論を出した場合は、いくつかの情報に共通する点を見出して法則があると推測する帰納法を使っています。

　そして、演繹法と帰納法は組み合わせて使われる場合も多くあります。まず、帰納法で法則を推測して、別の事象に当てはめるのです。

　たとえば、「A衣料店では、20〜30代の女性には環境に配慮した素材の服が最も売れている」、「B靴店では20〜30代の女性には環境に配慮した素材の靴が最

も売れている」、「Cカバン店では、20〜30代の女性には環境に配慮した素材のカバンが最も売れている」という情報から、「20〜30代の女性は環境に配慮した素材の商品を購入するエシカル消費を好む傾向がある」という帰納法による結論を出し、「Dインテリア店ではデザイン重視の商品と機能重視の商品、そして環境負荷の少ない商品を販売しようとしているが、20〜30代の女性はエシカル消費の傾向があるので、この顧客層には環境負荷の少ない商品が売れるだろう」という結論を演繹法により導き出すなどが考えられます。

5

クリティカルシンキングを発揮する

クリティカルシンキングを
発揮するためのステップ

　クリティカルシンキングを実践するためには、必ず
こうすべきという手順はありません。しかし、概ね次
の５ステップが基本的なクリティカルシンキングのス
テップとして考えられます。

● ステップ１：目的を決める

　クリティカルシンキングを実践する目的を決めま
す。目的とは、何をどのくらいのレベルでいつまでに
達成するのかです。

　目的が明確にされないままにクリティカルシンキン
グを行おうとしても、到達地点も方向性も定まりませ
ん。そのため、何のために思考しているのか見失って
しまい、思考が漂流しているような状態になってしま
います。

　何をしたいのか、どのような状況を実現させたいの
か、いつまでに実現したいのかというゴールを明確に
します。

　クリティカルシンキングは問題解決のツールですか
ら、何を解決したいのかを明確にしておかなければ実

践のしようがありません。

● ステップ2：現状を分析する

　現在どのような状況にあるのか、調査を行いながら把握します。現状を把握できなければ、問いかけができません。

　また、現状を把握する際には、前提条件が正しいかどうかも疑います。なんとなく当然だと思っている前提が間違っていないかどうか、もし前提が間違っていると、思考自体が無駄になってしまいます。

　同時に、自分が固定観念を持っている可能性も疑います。僅かな経験や知識では現状を客観的に把握できていないかもしれません。特に「当たり前」と考えられていることには、主観を排除して事実に基づいた現状を把握するように努めます。

● ステップ3：課題を見つけ出す

　現状を分析したら、課題を見つけ出します。課題は、目的とする状態と現状の乖離がなぜ生じているのかを分析することで見つけ出すことができます。

　課題を見つけ出すとき、一人では見落としてしまう点が生じやすいので、できるだけ多方面から見つけ出

すために、複数のメンバーで分析し合うとよいでしょう。どうしても人それぞれに思考のクセがあるものです。

　課題が幾つも出てきた場合は、グルーピングしておくと大きな課題が浮かび上がってくることがあります。

　また、課題を漏れなく抽出するためには、ロジックツリーを使うなど、ロジカルシンキングのツールが有効です。

● ステップ4：仮説を立てる

　課題を抽出したら、解決するための方法を仮説として立てます。解決策は最初から一つに絞らず、考え得る数だけ立てます。

　仮説が複数立てられたら、それぞれの仮説に対して改めて、「なぜこの仮説が有効だと考えられるのか」、「もっと他に良い方法が考えられないのか」と問いかけて精査します。

　すると、仮説によっては有効性がないとして却下されたり、新しい仮説が立てられたりします。

　そのようにして、最も有効性が高いと考えられる仮説が残ります。

● ステップ5：解決策を実行する

　最善と考えられる仮説を実行に移します。このとき、誰が何をいつまでにどのように行うかを明確にして、達成度が分かるようにします。

　もし、仮説を実行しても有効性が確認できなければ、次の仮説を実行することを繰り返します。このとき、PDCAサイクルを取り入れると効果的でしょう。PDCAサイクルとは、「Plan（計画）→ Do（実行）→ Check（評価・検証）→ Action（改善）」のサイクルです。

　そしてCheck（評価・検証）でも、クリティカルシンキングのステップを活用します。したがって、場合によってはこの段階で新たな課題が浮かび上がってくることもあります。

フレームワークとは

　クリティカルシンキングに限らず、様々な思考法を知識として学んでも、いざ実践しようとすると、そもそも思考する技術を向上させることがどのようなこと

なのかよく分かりません。

　私たちは普段から思考していないわけではありませんが、その思考が無自覚かつ感覚的に行われているため、思考することを技術として向上させることが困難なのです。

　そこでここでは、クリティカルシンキングにおける思考力を向上させるための足掛かりとして、ロジカルシンキングの思考法として活用されているフレームワークを理解しておきましょう。

　フレームワークとは、直訳すれば「枠組み」や「ほね組」、あるいは「構造」などになりますが、より簡単に意訳すれば、問題解決や意思決定を行い易くするための手法です。

　実は、私たちは日常的に極単純なフレームワークを利用しています。たとえば、「広告媒体を選ぶためにそれぞれの方法のメリットとデメリットを上げてみよう」、「導入するパソコンを選ぶために、処理速度と価格で比較してみよう」などと、考えたり判断したりするための枠組みを設定することで思考の効率を上げているのです。

　しかしこのような直感的に設定しているフレームワークでは、極単純な問題しか解決できません。そこ

で既に体系化されている多くのフレームワークの内、代表的なものについて見ていきましょう。

　これらのフレームワークを活用することで、手探りで直感的に問題を解決しようとするよりも、効率的に思考を深めることができます。また、思考した結果を感覚的にではなく論理的に説明することができるようになります。

　しかもフレームワークは体系化されているため、誰もがすぐに活用することができます。

　本書ではビジネスで利用される機会が多い代表的なフレームワークを紹介しますが、それぞれのフレームワークは奥が深く、本来であればフレームワークだけで一冊の書籍になるほどの説明が必要です。そのため本書では、概要を紹介するにとどめますので、より深く学びたい方は、フレームワークの専門書を手にされることをお勧めします。

フレームワーク：環境分析（3C）

　3C分析は事業計画やマーケティング戦略を決定す

る際などに用いられる分析手法で、3CはCustomer
（市場・顧客）、Company（自社）、Competitor（競合）
を示します。この内、CustomerとCompetitorは自社
ではコントロールできない外部要因で、Companyは
コントロール可能な内部要因です。

〈出典：『3C分析とは？競合や市場の分析方法や事例から学び実践し
てみよう！｜ferret』（https://ferret-plus.com/curriculums/66）〉
上記を参考に筆者作図

　3C分析の目的は、外部要因と内部要因それぞれの
強みと弱みを明らかにすることで、KSF（Key
Success Factor：成功要因）を見つけ出すことです。
KSFを明らかにできれば、最も効率的な施策を選ん
でリソースを集中投下することができます。
　3C分析を行うことで、客観的な分析が行えます。

たとえば、3C分析を行わない場合は、「今期はA地区では商品Bの売行きが好調だったので、C地区への出店でも商品Bの広告費の割合を大きくする」という自社の状況のみしか考慮されていない戦略を立ててしまうかもしれません。つまり、CustomerとCompetitorという外部要因が考慮されていないのです。もしかするとC地区では顧客層が異なり、商品Bについてもより低価格で提供しているCompetitorが存在しているかもしれません。

　そのため、３つのCについては次の様な分析が考えられます。

　まずCustomer（市場・顧客）を分析するには、さらにPEST分析というフレームワークを利用すると効率的に分析できます。PESTはそれぞれPolitics（政治）、Economy（経済）、Society（社会）、Technology（技術）の頭文字です。

　たとえば、Politicsではその市場の政治的動向や規制などを調べます。Economyでは消費動向や景況などを分析します。Societyではその市場の年齢層や多様性、トレンドなどを分析します。そしてTechnologyではIT化の度合いやインフラの状況などを分析します。

　これらの分析結果は自社のコントロールが及ばない

ところですから、自社の戦略を合わせていく必要があります。

　次にCompetitor（競合）の分析では、ターゲット市場での競合のシェアや企業規模、製品やサービスの特長、販売チャネルや営業体制、サポート内容などを分析します。

　そしてCompany（自社）の分析では、Competitorの分析と同様の分析を行います。すなわちターゲット市場での競合のシェアや企業規模、製品やサービスの特長、販売チャネルや営業体制、サポート内容などです。この際、後述するSWOT分析を用いると効率的です。

　SWOTはStrength（強み）、Weakness（弱み）、Opportunity（機会）、Threat（脅威）の観点を示します。縦軸に強みと弱み、横軸に機会と脅威のマトリックスを作成します。そしてそれぞれの交差する箇所に、各対処方法を記します。すなわち、強みと機会が交差する箇所には自社の強みで機会を最大化する方法を、強みと脅威が交差する箇所には自社の強みで外部の脅威に対処する方法を、弱みと機会が交差する箇所には自社の弱みを改善して機会を捉える方法を、弱みと脅威が交差する箇所には自社の弱みを改善して外

部の脅威に対処する方法を記します。

　３つのＣは常に変化しますので、3C分析は定期的に行う必要があります。

フレームワーク：
価値連鎖（バリューチェーン）

　バリューチェーン（価値連鎖）とは、企業の活動のどの部分がどのように付加価値に貢献しているのかを見極めるための思考を行うフレームワークです。

　バリューチェーンでは、商品やサービスが顧客に提供されるまでのプロセスを価値の連鎖として捉えています。そのプロセスの中で、価値を生み出している部分はどこか、コストが掛かっている部分はどこかという着目点を明らかにします。

　つまり、商品やサービスがどのような活動を経て顧客に届いているのか、どのような過程でコストが掛かり、価値が生み出されているのか。それらのプロセスを支えるためにどのようなリソースをどのように投入すれば良いのかを把握することができます。

　実際にバリューチェーンを価値連鎖図として描くこ

とで、自社の競争優位がある部分と劣位がある部分が視覚化されます。

　次の図は、一般的な製造業のバリューチェーンと一般的な小売業のバリューチェーンの例です。

● 一般的な製造業のバリューチェーン

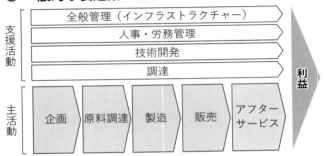

● 一般的な小売業のバリューチェーン

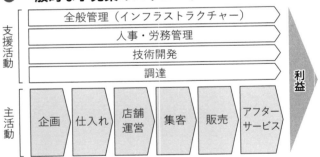

〈出典：『【初心者向け】バリューチェーン（価値連鎖）とは？ 分析のメリットやステップ、活用法を具体例とともに解説｜ミチタリ byオリコン顧客満足度』(https://cs.oricon.co.jp/michitari/article/222/)〉

図の中の「主活動」とは、商品やサービスを生み出して顧客に届けるまでの活動です。一方の「支援活動」とは、商品やサービスを直接生み出さないけれども、「主活動」が効率的に営まれるために必要な支援活動です。たとえば、人事により必要な人員の確保ができなければ、主活動の効率が落ちてしまいます。

　バリューチェーンの分析を行う目的は、自社の事業のプロセス上の問題点や付加価値が生み出されている工程を可視化することと、競合他社に対する自社の強みと弱みを明らかにすることです。

　たとえば、商品の供給に遅れが生じているときに、どの工程がボトルネックとなっているのかを明らかにできれば供給能力を改善することができます。また、競合に対して価格競争で負けている場合には、どの工程のコストが改善できるのかを見つけ出すことで、商品やサービスの価格競争で優位になることができるかもしれません。場合によっては、それまで内製化していた工程の一部をアウトソースする方が効率化や価格競争を高めることに貢献するかもしれません。

　もし、主活動上で原因が明らかにできない場合は、支援活動上を確認する必要があります。たとえば、商品の製造工程の自動化が遅れていることや、調達部門

のIT化が遅れて効率が悪くなっているかもしれません。

　ちなみにバリューチェーンの右端の「利益」は「マージン」と表記されることも多くあります。

フレームワーク：４Ｐ

　４Ｐとは、商品やサービスを販売する際のマーケティングの施策を企画・立案するために用いられる分析のフレームワークです。４ＰのＰは「Product（商品・サービス）」、「Price（価格）」、「Place（流通）」、「Promotion（販促）」を示します。これらのＰを組み合わせて分析する事から、「マーケティングミックス」とも呼ばれます。

　各要素では、検討すべき戦略は次の通りです。

● **Product：商品戦略**
　自社商品やサービスは、ターゲット市場においてどのような価値を提供するのか。売れるためにはどのような差別化を商品・サービスのコンセプトとするのか。

● Price：価格戦略

　自社の商品やサービスをいくらで提供するのか。高価格で戦略を立てるのか低価格で戦略を立てるのか。

● Place：流通戦略

　どのようなチャネルで商品やサービスを提供するのか。ターゲット顧客に商品やサービスを届けるために最適な販売方法は店舗か通販か、ネット販売かテレビショッピングかなど。

● Promotion：販促戦略

　どのような販売促進活動を行うのか。ターゲットに自社商品やサービスの存在や価値を伝えるためにはどのようなメディアが有効か。

　以上の視点から販売戦略を立てるための分析を行うフレームワークが４Ｐです。

　４Ｐを効果的に活用するためには、４つのＰをバラバラにではなく、統合して考える必要があります。たとえば、ブランド力を付けて高価格設定で販売するのに、販売チャネルがディスカウントストアでは整合性が取れません。また、リピーターを増やす戦略を立てたの

なら、一度きりの割引キャンペーンよりは登録会員のみのポイント制度を採用した方が良いかもしれません。

このように４Ｐでは４つのＰが連携して整合性を持っていることが重要になります。

フレームワーク：PPM

プロダクト・ポートフォリオ・マネジメント（PPM）とは、複数の事業や商品を展開している企業が、商品や事業の位置づけを把握することで経営資源の最適な分配を判断するためのフレームワークです。

PPMでは縦軸で「市場の成長性」を表し、横軸で「市場シェア率」を表す４つの象限に対する位置で経営判断を行います。

縦軸の「市場の成長性」が高い位置にある商品や事業は魅力的であり、成長性が高い反面新規参入者が多く競争が激しい状態であることを表します。そのため、事業を成長させるには積極的な投資が必要となります。

逆に、成長性が低い位置にある商品や事業は市場の動きが落ち着いている状態ですので、積極的に投資す

る企業は少なくなります。

　横軸の「市場シェア率」は大きくなるほどスケールメリットがありますので、量産して生産コストを下げることが効果的になります。

　逆にシェア率が小さくなると売上の増大が期待できない状態にあります。

　この縦横の軸に沿って４つの象限に分割するとそれぞれ「花形（Star）」、「問題児（Question Mark）」、「負け犬（Dog）」、「カネのなる木（Cash Cow）」と呼ばれる特徴が表れます。

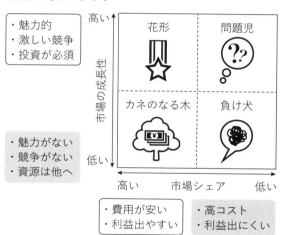

〈出典：『プロダクトポートフォリオマネジメントとは？一番わかりやすい入門編｜マケフリ』(https://makefri.jp/strategy/6126/) 上の図〉
上記を参考に著者作図

「花形（Star）」の象限に位置している商品や事業は市場の成長性が高くシェアも高い状態にありますので、売上を伸ばしやすい状態にあります。ただし競合他社との競争も激しいため、経営資源を積極的に投入する必要があります。その結果、ライフサイクルは成長期にありますが、利益率は低い状態にあります。

　「カネのなる木（Cash Cow）」の象限に位置している商品や事業は、市場の成長性は低いものの市場シェア率は高い状態にあります。しかし、市場規模が頭打ちもしくは縮小傾向にあることや市場競争も激しくない状態であるため経営資源を積極的に投入する段階ではありません。また、シェア率も高いことでスケールメリットを得られている状態ですので、事業コストが低くても利益が出やすい状態にあります。

　そこでこの段階で稼ぎ出した利益は、「問題児」象限や「花形」象限に投下することが定石といわれます。

　「問題児（Question Mark）」の象限に位置している商品や事業は、市場の成長率が高いため魅力がありますが、市場シェア率が低いことからコストがかかり利益が出にくい状態です。しかも市場競争も激しいため、この市場での商品販売や事業の継続を行うためには積極的に経営資源を投入する必要があります。

このため、「問題児」は将来「花形」に成長する可能性が期待できるものの、「カネのなる木」象限で稼いだ利益を投入する必要があります。

　「負け犬（Dog）」の象限に位置している商品や事業は、市場成長率が低く競争も穏やかです。シェアも小さくなりスケールメリットを出せないため利益を上げることも難しい状態です。そのため、経営資源を積極的に投入する必要はありません。

　この象限に位置している商品や事業は、撤退してその分の経営資源を他の商品や事業に分配する検討を始める段階です。

　PPMで分析した各象限に位置する商品や事業は、いつまでもその象限に位置しているわけではありません。より成長する場合もあれば衰退する場合もあります。たとえば、「問題児」の商品や事業に経営資源を投入することで「花形」に成長して、次に「問題児」に移動してきた商品や事業へ投入する資金を生み出す場合もあります。

　このように、商品や事業は変化するものですので、定期的にPPM分析を実施する必要があります。

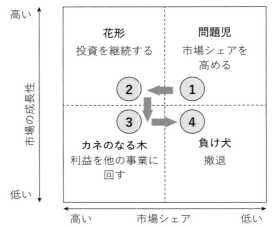

〈出典:『プロダクトポートフォリオマネジメントとは?一番わかりやすい入門編｜マケフリ』(https://makefri.jp/strategy/6126/)一番下の図〉
上記を参考に著者作図

フレームワーク：ファイブフォース分析

　ファイブフォース分析とは、業界全体の状況と競合各社の収益構造を明らかにして、その状況の中で自社の利益を上げるためには何が必要になるのかを分析するフレームワークです。ファイブフォース分析は新規参入時や新製品、あるいは新ブランドの立ち上げ時の収益性を検証することに役立ちます。

ファイブフォース分析の目的は、業界の状況や競合他社の状況を把握することで、経営判断に生かすことです。具体的には次の通りになります。

● 自社の強みと課題を把握する

　自社の強みを把握することで、現状の脅威に対しての対処方が見つかります。また、自社の課題を把握していれば、今後起こりえる脅威に対して何を改善しておくべきか分かります。

● 収益性を向上させる

　自社にとっての脅威が分かれば、収益性の低下を防ぐ対策や、競合他社に対する優位性を保つための戦略を立てることができます。

● 経営資源を適切に配分する

　自社にとっての脅威が分かれば、あるいは競合他社に対する優位点が分かれば、経営戦略を見直して経営資源を適切に配分することができます。

● 事業の新規参入や撤退の判断を支援する

　業界の構造や競合の状況を把握することで、新規参

入をすべきか、既に展開している事業を撤退すべきか
の判断が行い易くなります。

　ファイブフォースでは「5つの脅威」を分析しま
す。5つの脅威とは自社を取り巻く外部からの脅威
を示します。この5つの共通点は、自社の収益に影響
を与える脅威であることです。具体的に見ていきま
しょう。

● 業界内での競争の脅威

　既に存在している競合他社との競争を示します。既
に業界内で自社による寡占化が進んでいれば競争は穏
やかですが、自社と同じ規模もしくはそれ以上の競合
他社が存在する場合は競争が激化します。

　競争が激化すれば収益性が下がります。そのため、
自社は独自性の高い商品やサービスで競合他社との差
別化を図る必要があります。

　業界自体の規模が小さかったり成長率が小さかった
りした場合も、市場が飽和状態に成り競争が激化して
収益性が落ちます。

　そのため、自社と競合他社のブランド力も分析する
必要があります。

● 新規参入者の脅威

　新規参入者が加わることで業界内の競争が激化する事態を示します。異業種からの参入が容易な市場であれば、これから参入者が増えて価格競争が激化し、収益性が下がるリスクがあります。逆に参入しにくい市場であれば、収益性が安定しています。

　したがって、新規参入者が現れたときは、市場の規模や参入者の技術力とブランド力を見極め、自社の事業にどの程度の影響が出るのか予測します。

● 代替品の脅威

　自社の商品やサービスが、同じニーズを満たせる代替品の登場により市場シェアを奪われてしまう脅威を示します。たとえば、書籍に対する電子書籍、携帯型ゲーム機に対するスマートフォンのゲームアプリなどが考えられます。

　代替品が登場した場合は、自社の商品が代替品にはない価値を提供できるかどうか、デザイン性や機能性、価格競争力で差別化を図れるかどうかについて検討する必要が生じます。

　また、消費者が代替品に乗り換える手間やコストも分析対象になります。

価格面でも性能面でも既存商品より優れた代替品の登場は、自社のみならず業界全体の脅威となります。

● 買い手の交渉力による脅威

自社と顧客との間の交渉力の関係により生じる脅威を示します。たとえば、競合他社が多くなり価格競争が激化している状態では、買い手である顧客側の交渉力が強まります。その結果、さらなる値引きの要求や、品質、アフターサービスなどに関する要求が強くなる可能性があり、同時に自社の収益性が低下するリスクがあります。

● 売り手の交渉力による脅威

この場合の売り手とは、自社にとってのサプライヤーを示します。小売業にとっては卸業がサプライヤーになりますし、メーカーにとっては原材料の生産者がサプライヤーとなります。

自社に同じ商品を提供するサプライヤーが多い場合は、サプライヤー側の競争が激化するため、自社の交渉力は高まります。逆にサプライヤー側が寡占状態にあれば、自社の交渉力は弱まります。

フレームワーク：SWOT分析

　SWOT分析とは、自社の外部環境（市場、競合、規制など）と内部環境（資産、ブランド力、価格、品質など）をStrength（強み）とWeakness（弱み）、Opportunity（機会）、Threat（脅威）の4つの要素で要因分析するフレームワークです。それぞれの要素の頭文字を並べてSWOT分析と呼びます。

　SWOT分析は経営戦略やマーケティング戦略の策定に活用されます。

		内部環境	
		強み	弱み
外部環境	機会	**強み×機会** 強みを発揮して、 機会を活かす	**弱み×機会** 弱みを改善して、 機会に挑戦
	脅威	**強み×脅威** 強みを利用して、 脅威を避ける	**弱み×脅威** 脅威の影響を 最小限にとどめる

〈出典『マンガでわかる「SWOT分析」｜経済産業省 中小企業庁』（https://mirasapo-plus.go.jp/hint/16748/）の下の方にある表組み〉

　各要素は次のように定義されます。

　Strength（強み）：自社や自社商品の優れている点

や得意とする点の内部環境のプラス要素です。

　Weakness（弱み）：自社や自社商品の劣っている点
や苦手とする点の内部環境のマイナス要素です。

　Opportunity（機会）：社会環境や市場環境の変化の
内、自社や自社商品にとってプラスに働く外部環境の
要素です。

　Threat（脅威）：社会環境や市場環境の変化の内、
自社や自社商品にとってマイナスに働く外部環境の要
素です。

　以上の様なSWOT分析を行うことで、自社にとっ
ての市場機会や事業課題を発見することができま
す。そのためSWOT分析は経営戦略やマーケティン
グ戦略を立てるために行われますが、戦略を実施した
後のレビューとして再びSWOT分析を行う場合もあ
ります。

　また、SWOT分析は戦略を立てる際に役立つだけ
ではなく、事業の将来的なリスクを発見することもで
きます。たとえば、新規参入で一定の成果を得られた
としても、SWOT分析を行った結果、より資金力が
ある企業が同じ市場に参入してきたら現状のままでは
負けてしまうだろうというようなことを予測できま

す。その結果、先手を打って弱点を克服しておくこと
もできるのです。

　ちなみにSWOT分析を行う際に犯しがちなミス
は、内部環境のWeakness（弱み）と外部環境の
Threat（脅威）が混同されてしまうことです。そこ
で、混同していないかどうかを確認する一つの目安と
して、それが自社の努力や工夫により改善できるこ
と、つまり自社がコントロール可能なことであれば、
Weakness（弱み）となります。一方、自社の努力や
工夫ではいかんともしがたいことで自社にコントロー
ルできないことであれば、Threat（脅威）であると
区別できます。

　たとえば、少子高齢化が進んでいることは自社の努
力や工夫ではどうにもなりませんので、Threat（脅
威）ですが、商圏にターゲットとなる業態の企業が少
ないというのは、一見外部環境のようですが、自社の
意思で拠点を移して商圏を変えることができますの
で、これはWeakness（弱み）となります。

フレームワーク：7つのS

　「7つのS」とは、企業の経営資源には3つのハード
と4つのソフトがあると捉えるフレームワークです。
これらの7つのSから、組織の現状を分析し、マネジ
メント力を高めることができます。

　7つのSは、互いに結びついて影響し合っています。

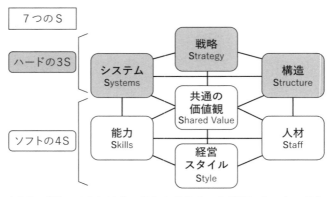

〈出典：『7つのSとは？一番わかりやすい入門編　｜マケフリ』
（https://makefri.jp/strategy/6901/）〉

　7つのSの内のハードの3Sは、組織の構造に関す
る経営資源で、ソフトの4Sよりも経営者がコント
ロールしやすい要素です。

● システム（System）

システムは人を生かすための制度で給与や人事制度も含まれます。

経営戦略を実行するための組織が構成されると、組織に属する人たちが同じ目的に向かって行動するための制度が必要です。制度がなければ各人の行動が組織的にはならず、個々の属人的な能力に依存して、偶然に成果が上がることを期待することになってしまいます。

そこで、組織としてのパフォーマンスを高めるために、業務マニュアルや作業リスト、トークスクリプトなどの明文化されたルールを用意することで、個々人の経験や能力への依存度を下げて組織としてのパフォーマンスを底上げします。

● 構造（Structure）

構造とは部署・部門の構成や命令系統の在り方を示します。この構造により、誰と誰が共同でどの工程を受け持つのか、誰が誰に命令・指示し、報告するのかが規定されます。

構造には目的や仕事の種類を規定する「機能別組織」と、独立した意思決定を行う「事業部制組織」、

プロジェクトのために構成する「プロジェクト組織」
があります。

● 戦略（Strategy）

　戦略は、企業が目指す状態になるための方向性と行
うべきことを示します。戦略にはビジョンを決めて実
現するための「企業戦略」と、商品やサービスの展開
方法を決める「事業戦略」、そして事業戦略を実現す
るために必要な技術やライン、営業、マーケティング
をどのように展開するのかを決める「機能戦略」があ
ります。

　次に、ソフトの4Sは組織の価値観やスタイル、能
力といった形のないものを示します。これらの形のな
いものは経営者にとってはコントロールが難しく、変
革を行うためには時間と労力を必要とします。

● 共通の価値観（Shared Value）

　共通の価値観とは、経営理念やビジョン、あるいは
ミッションを示し、社員全員で共有している必要があ
ります。共通の価値観は7つのSの中心に位置する重
要な要素です。

この共通の価値観がなければ、社員が組織として力を合わせて事業を展開することができません。企業の共通の目的は利益追求だと考えがちですが、利益追求はどの企業でも同様に持っている目的であり、その企業や組織である必要がありません。したがって、共通の価値観こそが、その企業たらしめている軸となります。

● 経営スタイル（Style）

経営スタイルとは、社風や文化といった企業のカラーを示します。また、企業内の暗黙のルールや不文律の蓄積も経営スタイルに含まれます。

● 人材（Staff)

人材とは、企業における人材の在り方を理解することで、採用や育成に関する方針やどの部門にどのような人材をどれくらい必要としているかを把握することでもあります。

また、個々の人材の知識やスキルを把握するための仕組み作りも必要になります。

● 能力（Skills）

　能力とは、組織や個人が持っている技術で、他社に対する競争優位性を示します。たとえば、常に人々の生活スタイルを変えてしまうほどの画期的な技術を生み出す力であるとか、革新的なサービスを提供する力などを示します。

　以上の７つのＳを導入することで、企業や組織の課題の優先順位を明確にすることができます。また、組織や従業員の能力開発や機会提供、評価制度の改善を行えることから、従業員のモチベーションを高めることができます。このことは、離職率の低下や優秀な人材の採用力に影響します。

　以上の様に、７つのＳはそれぞれ独立して存在するのではなく、相互に連携していますので、一つの経営要素だけを改革しようとするのではなく、全ての経営要素の関連性を考慮しながらマネジメントを行う必要があります。

　このとき、ソフトの4Sはコントロールが難しいため。ハードの3Sを定めてからソフトの4Sに着手する方が、７つのＳを導入しやすくなります。

　７つのＳは次の手順で導入します。

● 現状を分析する

　７つのＳのフレームワークを用いて、要素ごとに自社の現状を分析します。この分析段階で、幾つもの課題が浮き上がってきます。たとえば、競争優位性を保つために組織のスキルが不足しているなどです。

● 重要な課題を明確化する

　現状を分析した結果浮かび上がったいくつもの課題に、組織改革の上で放置できない重要度から優先順位を付け課題を絞り込みます。

● 改革案を作成する

　明確になった重要な課題を解決するための改革案を作成します。このとき、７つのＳが補完し合うことを考慮します。

● 予想と評価

　改革案を実施した場合にどのような変化が起こるかを予想し、実施後には予想と結果を比較して改革案を評価します。

　評価の結果、期待していた変化が起きていなかった場合は、改革案をブラッシュアップします。

7つのＳを導入する際の注意点は、いずれか1つの要素を改革する際には必ず他の要素も改革する必要があることです。また、どの要素の改革から検討するか判断が困難な場合は、ハードの3Sから見直すことを優先します。

　ただし、7つのＳの中心に位置する共通の価値観が確立されていなければ、方向性が定まらないので注意が必要です。

フレームワーク：バランススコアカード（BSC）

　バランススコアカード（BSC）は経営戦略の管理手法です。財務業績だけでなく、多面的でバランスの取れた評価方法で企業の業績を評価します。

　BSCを導入することで、財務の視点、顧客の視点、業務プロセスの視点、学習と成長の視点の4つの視点から企業の組織力や成長力、競争力を強化するように経営戦略を立てます。

　それぞれの視点について説明します。

● 財務の視点

　財務的な成果を上げるための行動を評価する視点です。KPI（業績評価指標）としては純売上高や営業利益、株主資本利益、投資収益率などが上げられます。

● 顧客の視点

　顧客の目線で企業の経営状態を評価する視点です。KPIとしては顧客満足度やリピート率、顧客獲得率、市場占有率などが上げられます。

● 業務プロセスの視点

　業務プロセスを評価する視点です。KPIとしては生産時間や不良品発生率などが上げられますが、自社製品が市場や顧客のニーズに合致するように開発されているかどうか、生産や販売は需要に合致しているかどうか、あるいはアフターフォローが適切に行われているか、市場からのフィードバックは生かせているかなどに注目します。

● 学習と成長の視点

　組織や人材を成長させることができているかどうかの視点です。KPIとしては従業員の定着率や従業員満

足度、資格取得率などが上げられます。短期的には成果を確認しにくい視点であるため、中長期的な戦略が必要になります。

次に、BSCは以下の手順で導入します。

● ビジョンと戦略の策定

BSCを導入する企業や事業のビジョンと戦略を策定します。既に策定されている場合は、改めて現在の市場や事業環境に対してビジョンと戦略が適切かどうか検討し、必要であれば再構築します。

● 目標設定と戦略の立案

ビジョンを実現するための目標を、BSCの4つの視点に当てはめながら設定します。そして4つの視点ごとの戦略マップを作成します。このとき、抽象的なビジョンを実現するために、戦略の目標は具体的な数値で評価できるように、4つの視点ごとのKPIを設定します。

● 重要成功要因の設定

ビジョンを実現し戦略目標を達成するために必要となる重要成功要因（KSF：Key Success Factor）を設

定します。たとえば、短期的な利益を上げることより
もシェアを獲得することが戦略上の重要な目的であれ
ば、利益率を下げてでも販売価格を下げることが重要
になるので、この場合のKSFは「顧客獲得スピード
を上げること」となります。

● KPIの設定

　KPI（Key Performance Indicators）は業績評価指
標とも呼ばれ、戦略目標への到達度を数値化するため
の指標です。このKPIを4つの視点ごとに設定しま
す。KPIは分かりやすく達成できそうな数値にするこ
とがポイントです。あまりに現実味のない高い数値が
設定されてしまうと、最初から誰もKPIを目指さなく
なります。

● アクションプランの作成

　目標を達成するために、各人が何をするべきか明確
になる計画を立てます。企業全体や部門全体の計画で
は、各人がどのように行動すべきか迷ってしまいます
ので、一人ひとりが行うべきことが明確になるように
ブレイクダウンします。

フレームワーク：仮説思考

　仮説思考とは、まだ十分に情報が揃っていない状態、限られた情報源しか得られない状態で、かつ分析も十分に行っていない状態の中で、最も可能性が高いと思われる結論を仮の結論として設定し、仮説を設定してからその実行や検証により結論を修正していくフレームワークです。

　仮説思考は限られた時間の中での問題解決ツールですので、時間の制約が多いビジネスの現場では利用される機会が多いでしょう。

　仮説思考で勘違いされやすいのは、限られた時間の中で間違った仮説による結論を出してしまっては、却って時間の無駄では無いのかという指摘です。

　しかし仮説思考では、仮に間違った結論を出していたとしても、実行・検証の中で速やかに修正されるので、時間の無駄にはなりません。そもそも、仮説を立てておかないことには、実行も検証も修正もできないためです。

　一見難しそうな仮説思考ですが、私たちは日常においても無意識かつ頻繁に実践しています。たとえば、

「今日は、朝は晴れていますが午前11時頃から雨が降ります」という天気予報を見て、「そうすると、雨が降り出して慌ててカフェで雨宿りしようとする人が増えるだろうから、今日のランチタイムはカフェに行くと席がないだろう。出社途中のコンビニでサンドイッチと飲み物を買っておいた方が良さそうだ」といった推測と判断、そして実行することも仮説思考です。

　それでは、ビジネスの場で仮説思考が求められる理由は何でしょうか。これは、ビジネスでは常に時間的な制約が強いためです。時間的制約が強ければ、情報収集や試行錯誤の時間も十分には確保できないことが多いでしょう。そのため、限られた時間の中で結論を出す仮説思考が必要とされるのです。

　たとえば、仮説思考の反対側に位置する「網羅思考」と比較すると分かりやすくなります。

　私たちは本来、できるだけ確かな結論を出そうとすれば、可能な限りの情報や試行錯誤を行ってから結論を出したいと考えます。このように、あらゆる情報を網羅してから結論を出すことが網羅思考です。

　たとえば、人の命や健康に関わっている新薬の開発などは、あらゆる情報と実験を繰り返さなければなりませんので、研究費や開発期間の目標があるとはい

え、網羅思考に近いでしょう。

しかし、網羅思考は、ともするといつまでも答えを出すことができなくなってしまいがちです。なぜなら、「十分に情報を集めた」かどうかは、判断が難しいためです。「実はまだ入手していない情報があるのではないか」という不安がある限り結論を出せません。

一方、仮説思考では、先に結論を出してから情報を集めますので、情報収集の効率も良くなります。このとき、仮説を支える情報が集まらないようであれば、すぐにその仮説は間違っていると気付けるのです。

以上のことから、仮説思考のメリットは次のようになります。

● 迅速に意思決定できる

慎重な人であれば、意思決定をする際には情報が多いほど間違いがないと考えると思いますが、実際には情報が多すぎると処理しきれなくなり却って意思決定が困難になることがあります。そして、何よりも安心できるだけの情報収集には時間が掛かりすぎてしまいます。

ライフワークとしての研究を行うのであれば、情報を集め続けることに問題は生じませんが、ビジネスな

ど時間の制約がある際の意思決定には必ずしも適していません。

● 問題を迅速に解決できる

たとえば、自社商品の売上が下がったとき、その原因には様々な理由が考えられます。このとき、考えられる全ての原因を検証していてはいつまでも結論がでない懸念があります。

しかし、販売部門やセールスの現場の経験値から、「このように急激に売上が落ちるときは、より低価格の競合製品が参入してきたのではないか」と仮説を立てることができれば、すぐに裏付け情報を集めることができます。もし、この仮説が間違っていれば「それらしい競合製品は見つからなかった」とすぐに分かりますので、すぐに「ならば、同等の製品がサブスクリプションで提供されるようになってはいないか？」などと次の仮説を立てて情報収集できます。

● 全体を把握し効率を上げられる

初めてのプロジェクトで効率が落ちているときにも、仮説思考を行うためには全体を俯瞰してからボトルネックとなっている工程を探し出しますので、調査

や試行錯誤の的を絞ることができ、迅速に改善策を立てることができます。

　その結果、未知の業務においても前倒しで生産性を高めることができます。

　このように、全体を把握してから仮説を立てて具体的な解決策を見いだせるスキルは、指導力と行動力を高めるため、リーダーシップを高めることにも役立ちます。

　それでは、仮説思考を実践するためにはどのようなプロセスを辿れば良いのか見て行きましょう。

● 現状分析

　問題や課題が生じているとき、既にある情報の中で、問題や課題が生じた背景を考察します。仮説を立てないままに情報収集を始めると、際限がなくなることに注意します。

● 仮説を立てる

　生じている問題や課題に対して、「So What?（だからどうした）」と「Why So?（なぜそうなのか）」を繰り返し問うことで深掘りします。

たとえば、自社の新製品開発ペースが競合他社に比べて遅いという問題が上がってきたとします。「So What?」と問うことで「新製品の開発が遅いことで競合他社より新製品の市場への投入が遅れている→（So What?）→市場のシェアを奪われている→（So What?）→売上が伸びない」という問題が浮き彫りになります。

　そこで今度は「Why So?」と問います。すると今ある情報として「企業規模や部門の規模は度競合他社と同等」、「競合は開発部門のDXが進んでいる例としてしばしば新聞で取り上げられている」を把握していたとします。そこで「Why So?」と問いかけることで「おそらく3DCADでの設計データを3Dプリンターに取り込むことで試作品の製作期間を短縮しているに違いない。このようなデータ連携は我が社では実現できていないからだ」と結論します。あるいは同じ情報から「競合は開発チーム内で3DCADのデータを共有しており、開発部門と商品企画部門、セールス部門などで試作品が製作される前にVR上で商品のデザイン確認をしあってから試作品の製作に進んでいるので、試作品の無駄が生じていない。このようなデータの活用方法は我が社では実現できていないからだ」と仮説を

立てます。

● 仮説の実行と検証

仮説を立てたら実行と検証を行います。ここでは前項で「3DCADでの設計データを3Dプリンターに取り込むことで試作品の製作期間を短縮しているに違いない」と「競合は開発チーム内で3DCADのデータを共有しており、開発部門と商品企画部門、セールス部門などで試作品が製作される前にVR上で商品のデザイン確認をしあってから試作品の製作に進んでいるので、試作品の無駄が生じていない」と二つの仮説を立てたので、これらの実行と検証を行います。

ただ、現実問題として開発部門に実際に新しいシステムを導入して検証するには時間と費用が掛かりすぎてしまいますので、これらのシステムを提供している企業にシミュレーションを依頼したり、開発部員にデモを体験させたりすることで、おおよその検証を行います。

その結果、前者の仮説は実証されたが後者の仮説は実証されなかったという結論が出れば、前者の仮説をさらに深掘りします。

● 仮説の修正

　今回の例では２つの仮説の内１つが実証されましたが、もしも実証できなかった後者の仮説しか立てていなかった場合は、結局別の仮説を立て直しますので、前者の仮説にたどり着く可能性が大きくなります。

　仮説は間違っているかどうかを先回りして考えずに、まずは立ててみます。そして実行・検証で間違っていることが分かれば修正するか別の仮説を立てれば良いのです。

　とはいえ、できれば仮説の段階で筋の良い、つまり可能な限り実証される確率の高い仮説を立てられるようにしておくことに越したことはありません。

　それではどうすれば筋の良い仮説を立てられるようになるのでしょうか。筋の良い仮説を立てられるようになるには、次の様なコツがあります。

● 視点を変える

　自分の視点からだけ考えていると、視野狭窄に陥ってしまいます。たとえば消費者の視点に立ってみる、営業担当者の視点に立て見る、競合の視点に立ってみるなどです。

視点を変えることで、今までは思いも寄らなかった盲点を発見する可能性が高まります。

● 極端なシミュレーションをしてみる

　たとえば、広告宣伝の効果が今ひとつであるのなら、現在テレビCMに5割、新聞広告に3割、インターネットに2割の配分で投入している広告費を、思い切ってインターネットに10割投入するとしたら、どのような展開があり得るだろうか、と考えてみます。

　あるいはシェアが下がっている製品について、次のモデルチェンジでは機能を追加するのではなく、思い切って機能を削減して用途を絞り込み、その分圧倒的な低価格で販売したらどうなるだろうか、と考えてみます。

● ゼロベースで考える

　たとえば、広告宣伝の在り方を検討しなければならないとき、媒体ごとの予算配分を変えるべきかどうかを考えてきたのであれば、一旦ゼロベースで考えて、「そもそも広告宣伝は役に立っているのだろうか、思い切ってSNSの口コミだけで認知度を高める戦略はあり得ないのだろうか？」などと考えてみることです。

● 引き出しを増やす

　限られた情報から筋の良い仮説を立てるためには、物事を多角的に見たり、連想できる範囲を広げたりできるために、日頃からあらゆるジャンルの知識を広めて引き出しを多くしておくことが有効です。

　たとえば、若い女性向けの製品パッケージのデザインを一新するためのコンセプトを立てる必要があるとき、多くのプロジェクトメンバーがカラーや形状をどのようにするかという視点でアイデアを出すことに囚われているときに、製品とは全く関係のない環境問題のテーマから、近年は若い女性の間でエシカル消費が好まれているという知識を得ていれば、そのパッケージの素材を再生素材や再生可能な素材に変えたらどうか、というアイデアが浮かぶかもしれません。

フレームワークの罠

　以上、ビジネスの場で活用される代表的なフレームワークを紹介してきましたが、ここで注意があります。
　ここまで紹介してきたフレームワークは、多くはロ

ジカルシンキングのツールとして紹介されています。しかし、これらのフレームワークは、クリティカルシンキングのツールとしても活用できます。

　ところがフレームワークに頼りすぎてしまうと、思わぬ落とし穴に嵌まることになります。実際、コンサルタントやプランナー、マーケッターといった人たちはフレームワークに関する知識が豊富で実際に活用していることも多く、その結果見栄え良く実にスマートに情報が整理されたプレゼン用スライドを作成することができるのも確かですが、「それで？」といった問いかけをせずにはいられない結果になっていることが多いのです。

　これは、フレームワークには陥りやすい罠があるためです。

　フレームワークは現状を分析するにはとてもよく考えられたツールです。しかし、せっかく分析しても、最後に「頭を必死に絞る」という泥臭い努力をしなければ、フレームワークは単なる情報整理で終わってしまう懸念があるのです。喩えて言えば、持っている服を全て使用する季節や用途、あるいは素材などで分類して洋服ダンスに綺麗に整理した状態で満足して終わっているのです。

問題は、それでは今日の気候と天候、行き先、合う
人、行うことなどに合わせた服のコーディネートはど
うなるのかという最も重要な問いかけに対する回答が
出されていない状態です。

　どれほど分析がテクニカルであっても、その結果ど
うすべきなのかということを判断するために自分の頭
で汗をかくことを忘れてしまってはいけません。

　つまり、フレームワークは、やるべきことまで教え
てくれないということです。最終的な答えを出すの
は、自分の思考であることを忘れないようにしなけれ
ばなりません。そうしなければ、フレームワークを使
うこと自体が目的化してしまい、本来の目的を忘れて
しまいがちなのです。洋服ダンスに全ての服を綺麗に
整理してしまい終えて、やれやれと思っていたら、そ
もそも今日着ていく服をコーディネートするために服
を片端から引き出して整理していたことを忘れてし
まっている状態です。

　ですから、フレームワークを使っている時は、同時
に当初の目的を達成するために何をすべきかを考え続
ける必要があります。

　フレームワークはパズルでも穴埋め問題でもありま
せん。

ですから、フレームワークを利用する際には、フレームワークを使うことに思考を集中させてばかりいて、肝心の問題や課題解決に対して思考停止になっていないかどうか、注意をして下さい。

　つまり、フレームワークを使うときこそ、クリティカルシンキングの精神を発揮する必要があるのです。

6

自己を疑う技術

分かったつもりという状態

　研修やセミナーなどに出席すると、受講中には「なるほど」と理解できていたつもりが、研修やセミナーが終わってからいざ自分で実践してみようとするとやり方が分からないことがあります。そもそも講義の内容を思い出せなくなっていることすらありませんか？

　確かに理解したし、分かったはずなのに。

　読書をしたり人の話を聞いたりした後でも同じことが起きます。「ああ、良い本だった」とか「いい話を聞いた」と分かったつもりになっていても、誰かに「その本には何が書いてあったの？」「どんなところが面白かったの？」、あるいは「彼の話はどんな話だった？」、「彼の話のどこがユニークだったの？」などと質問されると答えられない時があります。

　このような状態は「分かったつもり」になっているのです。何か講義を受けたり本を読んだり、人の話を聞くなどして「面白かった」や「興味深かった」といった感情的な記憶は残っているので充実感はあるのですが、その充実感が「分かった」事だと錯覚している状態にあるのです。

「分かったつもり」のやっかいさは、「分かっていな
い」ときのように自覚できないことです。最初から
「彼の話は分からなかった」や「この本は理解できな
かった」と自覚している場合はその自覚に間違いはあ
りません。

　しかし、「分かった」や「理解した」と自覚してい
る場合は、錯覚の場合があるのでやっかいなのです。

　それでは、自分が「分かった」のではなく「分かっ
たつもり」になっていることにはどうしたら気がつけ
るでしょうか。

　簡単な方法としては、「分かった」ことを紙に書き
出してみたり、人に説明してみたりすることです。も
し、「分かったつもり」であれば、うまく書いたり説
明したりできないはずです。

　そこで「分かったつもり」を減らすためのコツとし
て、次の方法があります。

● 「つまり」「要するに」と他の具体的な言葉に置
　き換えてみる

　聞いたり読んだりしていて、「分かったつもりになっ
ているな」と感じたら、「つまり」どういうことなの
か、あるいは「要するに」どういうことなのか、と言

い方を変えられるかどうか試してみると自覚できます。

　たとえば、2023年1月24日の参議院本会議で、岸田文雄内閣総理大臣は、野党議員の質問に対して次の様に答弁しました。

　「国債は政府の負債であり、国民の借金ではありませんが、国債の償還や利払いにあたっては、将来国民の皆様に対して、税金等でご負担いただく事等が必要であり（後略）」

〈出典：YouTube『岸田総理が「国債は政府の負債であり国民の借金ではない」と答弁する』
（https://www.youtube.com/watch?v=13gMNIqosRg）〉

　この発言を聞いて、「そうかそうか。国債は国の借金ではなく政府の借金なのだな。いずれは国民が税金などで負担するんだな」と納得されましたでしょうか。「おや？」と思われたら、「つまり」で言い方を変えてみて下さい。もし言い方をうまく変えられなければ、理解できていない可能性があります。

　たとえば、「つまり、国債は国の借金ではなく政府の借金なのに、将来は増税などで国民に返済させるということか」と言い換えられます。すると、「まてまて、なぜ、政府の負債を自分たちが肩代わりしなければならないのだ？」と疑問が湧くはずです。

また、抽象的な話の場合は、頭の中で映像化できるかどうか試してみます。うまく映像化できなかった場合は、「分かったつもり」になっている可能性があります。

● 誰かに説明できるかどうか

　聞いたり読んだりして「分かった」と思っていることを、誰かに説明してみます。もし、自分で理解できていれば、他の人にも分かりやすく説明することができるはずです。多くの場合は、聞いた話や読んだ話を暗記したまま口にしても予備知識のない他の人には伝わりませんから、自分なりに補足を行いながら説明することになります。

　このとき、上手く説明できなくなったり、説明できたつもりでも質問されて答えられなかったりした場合は、「わかったつもり」になっている可能性があります。

　人に話す機会がない場合は、ご自身のブログやSNSに自分の言葉で投稿してみるのも、「わかったつもり」を自覚する方法になります。

● 実践したり応用したりする

　聞いたり読んだりした内容を、実際に自分で実践し

たり応用してみます。そうすると、頭では分かったつもりになっていたことが、実際に実践しようとすると理解できていなかったことに気付きます。

あるいは、そもそも説明者の話や本の記載内容に大事な情報が抜けていたり論理破綻していたりしたことに気付くこともあります。

分かったつもりの原因 「自分は理解できている」

「分かったつもり」になる原因は、思い込みによる結論の先回りだと考えられます。E・B・ゼックミスタ、J・E・ジョンソン共著の『クリティカルシンキング実践編』（北大路書房）では、多くの人が誤った理解をしてしまう原因として「多くの人がデフォルト仮定に基づいて読んでいるということがあげられる。デフォルト仮定とは、基本的には自分は正しく理解していると見なすことである」と指摘しています。

つまり、今、人から聞いている話や本に書かれている内容を「自分は理解できている」と思い込んだ途端に、より正しく理解しようと努力することや、まして

や間違っているかもしれないなどと疑うことはなくなるというのです。

　また、同書ではハーバード大学のエレン・ランガー氏が「マインドレス」と呼んでいる思考状態についても言及しています。マインドレスとは、よく考えずにいつもの行動（通勤などの日常的な行動）をしたり、深く吟味することなく本を読んだりすることなど、深く考えずに処理したり行動したりする傾向を示します。直訳すれば「心がない」状態です。

　したがって、デフォルト仮定はマインドレスの一つだとしています。また、ランガー氏の言葉をもう一つ引用して、マインドレスは「早まった認知的拘束」をもたらすとしています。早まった認知的拘束とは、たとえばある記事を読んでいるときに、読んでいる途中の段階で既に自分が知っていたことに思考が拘束されてしまい、その記事の結論が実は自分が知っている内容とは異なっていることが書かれているにもかかわらず、自分が予想した結論が書かれているに過ぎないという思いに支配されてしまうというのです。

　つまり、虚心坦懐に読んでいれば、自分が知らなかった新しい考え方に出会えたはずが、マインドレスによる早まった認知的拘束により、そこに書かれてい

る考えに気付けなくなってしまうのです。その結果、せっかく新しい考え方や情報に接していながら、深く吟味する機会を逃すことになります。

　これが、「分かったつもり」の原因の一つであると考えられます。

分かったつもりの原因「そうに決まっている」

　「分かったつもり」になるもう一つの原因についても、前項で参考にしたE・B・ゼックミスタ、J・E・ジョンソン共著の『クリティカルシンキング実践編』を引き続き参考にします。

　同書では、人々が深く考えなくなる原因の一つとして「絶対的思考」を紹介しています。「絶対的思考」とは、「条件付き」ではなく「絶対的に」考える習慣を教育されたり、社会に出てからもことあるごとに促されたりすることで身に付けてしまう思考法です。つまり、「AはBである」、「CはDである」というように、物事が全て一義的に定まっていると見なす考え方を示します。

これに対して「条件付き思考」は、「AはBかもしれないが、そうではないかもしれない」と条件により考えを変えられる状態を示します。

　ここで再び同書は、前述のハーバード大学のエレン・ランガー氏が行った興味深い実験について紹介しています。この実験結果は、人が「条件付き」の状態と「絶対的」な状態に置かれたときに、思考に違いが出ることを端的に示しています。

　実験内容は次の様なものです。

　一般的には見慣れないゴム製のバンドの「ようなもの」を２つのグループに渡します。

　一方のグループには、「これは犬が噛んで遊ぶおもちゃ**です**」と紹介して渡しました。これは「絶対的に」用途を紹介したことになります。

　そしてもう一方のグループには、「これは犬が噛んで遊ぶおもちゃ**かもしれません**」と「条件付き」で紹介して渡しました。

　そして、実験者は消しゴムがなくて困っているふりをして、「どうすればよいだろう」と被験者たちに問うのです。

　するとゴム製品を「絶対的に」紹介された被験者たちの中からは全く案が出てこなかったの対し、「条件

付き」でゴム製品を渡された被験者達の40％の人たちが、渡されたゴム製品が消しゴムに使えることを思いついたのです。

　このように、私たちは、「AはBである」というたくさんの絶対的思考を行っている可能性があります。

　これもまた、「分かったつもり」にさせている原因だと言えます。

論証に批判的に接するポイント

　私たちは「分かったつもり」にならないために、論証に批判的に接するポイントを押さえておきたいところです。論証とは、何らかの前提に基づいて他者に自分の主張を納得させようとする手段だといえます。

　たとえば以下の論証があります。

────

庭の花が枯れている。
とても強い陽射しが照りつけていたのだ。
庭の花は根元から折れていた。

────

一見、この説明は論理的に見えます。花が枯れている結論を述べ、陽射しが強いという前提を提示し、花は暑さで枯れたという結論を導き出しています。特に映像が頭に浮かんだ人にとっては、なお一層、強烈な日照りに曝されて枯れてしまった花の姿がありありと浮かび、とても現実的に感じるでしょう。

　しかし、よく考えてみると、前提と結論の間には飛躍があります。陽射しが強いことで根元から折れることがあるのでしょうか。花は本当に陽射しのせいで枯れてしまったのでしょうか。もしかすると、庭の主が誤って踏みつけていたのかもしれません。

　つまり、私たちは提示された前提でのみ理解しようとしてしまうのです。

　実は前提自体に不足や誤りがあるのかもしれないことを疑う必要があります。そして前提は結論を支えている必要があります。しかし、私たちは全く脈絡のない前提を無造作に受け付けてしまうことが多いのです。たとえば、日常では次の様な会話がごく自然に受け入れられています。

　「ねえ、あの二人、まだ結婚して2年目なのに離婚しちゃったんだって」

　「ああ、やっぱり！　結婚式が仏滅の日だったものね！」

「そうなのよ！」

　日常のたわいもない会話であれば、コミュニケーションを円滑にするという効能を得られるので、このような会話が行われていても別段問題はありませんが、ことビジネスの場にもこの日常の感覚を持ち込むと、思わぬトラブルに発展する可能性がありますので注意しましょう。

　また、日常では、レトリックを用いた主観的な論証やバイアスのかかった論証が行われていることが頻繁にあります。たとえば以下の様な論証は、マスコミの報道でも頻繁に行われています。

——

　産業活動により排出される二酸化炭素が増加することにより、地球の気温が上昇している。

　温暖化が進んだため、各地で豪雨や洪水が多発している。

　子孫に美しい地球を残すために何をすべきだろうか。

——

　多くの人が、特に素直で善良な人ほどこのような論証を鵜呑みにして、二酸化炭素を排出している現代文明の負の面に対して憤りを持っています。

　しかし、本当でしょうか。本書では地球温暖化論争

をするつもりはありませんが、クリティカルシンカーとして注意すべき事を指摘しておきます。

　まず、大前提の「二酸化炭素が増加することにより、地球の気温が上昇している」は本当だろうかと疑問を持たねばなりません。もしかすると因果関係は逆で、「温暖化した結果として海水中の二酸化炭素が放出されたのではないだろうか。このことに対する科学的な論文は出ていないだろうか？」と疑問を持つべきです。あるいは「太陽の活動の変化は影響していないのだろうか？」や「地球の寒暖のサイクルとの関係はどのようになっているのだろうか？」などと疑問を持つ必要があります。

　また、温暖化の結果として豪雨や洪水が多発しているという理論にも疑問があります。豪雨や洪水と温暖化の因果関係は証明されているのでしょうか。多くの科学者が、温暖化により水蒸気が発生し、大気中の湿度が高まるため豪雨が発生しやすいと解説しています。しかし、少し考えてみれば、「大気中の水蒸気は気温が上昇し続ける限り増えるのでは？」とも思えます。実際、気象学者によっては豪雨や洪水が多発する原因は寒冷化が始まったときの特徴で、大気中の水分が冷やされ始めるからだ、という主張もあるのです。

そして最も人々が惑わされやすいのが、感情論です。最後の「子孫に美しい地球を残すために」といった主張には誰も抗えません。2つの前提に疑問が残っているにも関わらず、このような感情に訴える、それも誰も抗えないような「子孫のため」という表現をされると、多くの人は疑わしかったはずの前提を鵜呑みにしてしまうのです。

　したがって、クリティカルシンカーは、感情に訴えるような表現やステレオタイプ化された表現（○○世代は○○だ、英国人というのは○○だ、など）、まるで前提が正しいと証明されているかのような言い回し（ご存じの通り、あきらかなように、など）が使われている主張には、注意しなければなりません。

人は思い込む存在

　人は思い込む存在です。思い込むことで、理論的にも自然法則的にも何ら関係のない事象を関連づけてしまいます。

　たとえば、午前中のクライアントでのプレゼンテー

ションの結果、競合に勝って契約を勝ち取ったとき
に、「今日は先勝の日だからいけると思っていたん
だ！」と思う人がいるかもしれません。しかし「先
勝」の日であることは競合他社にとっても同じであっ
たはずです。競合に勝てたのは、単純に競合他社より
も魅力的なプレゼンテーションを行えるようにと入念
な準備をしてきたに過ぎないかもしれないのに、何か
人知の及ばない力が作用したと思ってしまうことがあ
ります。

　また、これまでは温度や湿度の変化により建材や家
具などが鳴っているのだろうと全く気にもしていな
かった室内の音だったはずなのに、テレビで心霊現象
を紹介する番組を見た後は、音がする度に心霊現象な
のではないかと怖がったりします。

　このような思い込みに関して、Ｅ・Ｂ・ゼックミス
タ、Ｊ・Ｅ・ジョンソン共著の『クリティカルシンキ
ング入門編』（北大路書房）では興味深い実験を紹介
しています。

　３つのグループに分けた学生たちに、手品師による
マインド・リーディング（相手の心を読み、さらに操
作すること）の手品を見せたところ、事前に与えた情
報により反応が異なりました。

1つめのグループには手品師を超能力者として紹介しました。2つめのグループにはアマチュアの手品師だと紹介しました。そして3つめのグループには手品師であることと、これから行われることはトリックに過ぎないことが説明されました。

　すると1つめのグループでは学生たちのうち77%が手品師を超能力者だと信じたというのです。この結果は理解しやすいでしょう。しかしこの結果以上に興味深いのは、マインド・リーディングを行った人が手品師であり、行われたことはトリックであると事前に説明されていた3つめのグループでさえ、学生たちの58%が手品師を超能力者だと信じたことです。

　研究者の推測では、目の前で起きた現象があまりに鮮烈な印象を被験者に与えたため、それまで超能力はあると信じていた学生たちの思い込みを、事前の言葉による情報では取り去ることができなかったのではないかと言うのです。つまり、それほど思い込みが思考に与える影響は強いのです。

人は持っている知識で思い込む

　私たちの思い込みは、各人が持っている知識や経験によって影響を受けます。特に瞬時に解を出さねばならないときには、経験から答えを導き出します。

　たとえば、上司から「この資料を纏めるのにいつまでかかる？」と机の上に大量の書類を置かれて即答しなければならないときには、全ての書類を読み込んでから答える時間の猶予はありませんから、書類の「厚み」をざっと見て、「おそらく３日あればできると思います」などと答えます。あるいは、空模様を見て「午後には雨が降るな」と予測することも同様です。

　また、より日常的な判断であれば、得意先に向かう車が渋滞に巻き込まれたときに、得意先に電話して「おそらく５時までには伺えると思います」などと予測します。

　このように情報を集めて綿密な計算や考察を行うことなく、経験や知識により直感的な解を出す思考法を「ヒューリスティック（heuristic）」と呼びます。日本語では「発見的手法」などと訳されます。また、同義の言葉として「経験則」が使われることもあります。

ヒューリスティックは曖昧な情報しか得られないと
きでも素速く意思決定を行えるために日常的に行われ
る思考法ですが、各人の知識や経験に大きく依存する
ため「認知バイアス」が含まれやすくなり注意が必要
とされます。

　ヒューリスティックには、主に次のような種類があ
ります。

● 代表性ヒューリスティック

　代表性ヒューリスティックとは、代表的あるいは典
型的なイメージから物事の判断を行います。

　たとえば、商社の営業担当者であれば英語が分かる
だろうとか、経営者はブランドものの靴を履いてい
る、あるいは長身で筋肉質の人を見たらバスケット
ボールをやっているに違いない、などと判断します。

　ある意味ではステレオタイプや偏見とも言える判断
手法です。

● 利用可能ヒューリスティック

　利用可能ヒューリスティックとは、利用しやすい経
験や知識から確率や程度を判断する思考法です。

　たとえば、オートバイの事故のニュースを続けて見

た後に、最も多い交通事故は何かと聞かれると「オートバイが多い」と答えてしまったり、自殺のニュースが続くと、実際の統計では今年の自殺者は前年比で減少しているにもかかわらず「今年は昨年よりも自殺が多いなぁ」と思い込んだりします。

● 係留と調整ヒューリスティック
　（あるいは固着性ヒューリスティック）

　係留と調整ヒューリスティックとは、最初に与えられた情報から物事を判断することです。

　たとえば、テレビショッピングで最初に「この商品のお値段は30,000円です！」と伝えて、その直後に「しかし、番組終了後30分以内にご注文のお電話をいただいた方には特別に18,000円でご提供いたします！」と言うと、視聴者は最初に与えられた「30,000円」という情報を元に判断するため、得した気持ちになります。これが最初から「18,000円です」と伝えていれば、同じ価格であるにも拘わらず、お得感が生じません。

　あるいは、朝のテレビ番組で、「今日は天秤座の人の運勢が上昇気流です。ラッキーカラーはグリーンですよ！」と放送されたのを見た天秤座の人は、その日

一日を、期待感を持って過ごせますし、普段よりも緑色のものに気付くようになります。

● シミュレーション・ヒューリスティック

過去の経験を基に「今度もまたこうなるだろう」と架空のシナリオを推定してしまう思考法です。

たとえば、以前、友人の結婚式でスピーチしたときに頭が真っ白になって失敗したので、今度の部下の結婚式でもスピーチで失敗するだろうと推測するなどです。

ネガティブな推測だけではありません。たとえば、前回のプレゼンでアドリブが受けて予想以上に好感度を持たれたので、今度のプレゼンでも上手い具合にアドリブが出て好感を持たれるだろう、というポジティブな経験も基になります。

また、自分の行動だけでなく、他人の行動に対する体験も基になります。たとえば以前Aさんが仕入れ先への発注ミスをしたことが印象深かった場合、また発注ミスがあったことが発覚すると、まだ誰のミスであるかの情報が入る前に、「またAさんが発注ミスをしたに違いない」と思い込んでしまいます。

● 感情ヒューリスティック

　自分が好きな人やものに対しては高く評価し、嫌いな人やものに対しては低く評価するなど、感情を基準に意思決定を行うことです。

　たとえば、自分が好きな芸能人が高く評価した商品を自分も評価して購入してしまうなどです。

　一方、自分の子供が困っていれば助けてあげたいという感情を利用して間違った意思決定に誘導するオレオレ詐欺は、感情ヒューリスティックを悪用した例です。

　ヒューリスティックは少ない情報しか得られない状況でも素速い意思決定を行えるメリットがある反面、バイアスがかかることで深刻な判断ミスを引き起こしてしまうリスクがあるため、今自分が行っている意思決定はヒューリスティックであることを自覚する客観性が必要になります。

7

問題と課題を解決する

問題とは何か

　クリティカルシンキングでは様々な問題を解決しますが、それでは「問題」とは何でしょうか。あるいはどのような状態を指すのでしょうか。

　私たちは、物事が上手く行かないときに「問題がある」と認識しますし、いつもと違う結果が出たときにも「問題がある」と認識します。あるいは期待してた状態になっていないときにも「問題がある」と認識します。

　つまり、「問題」とは、理想の状態や目標とする状態と現状・現実の状態の間にギャップがある事態を示していると言えます。

　たとえば、プリンターが「期待した」品質で文字を印字しなかった時にプリンターに問題があると言いますし、「いつもと同じ」品質で文字を印字しなかったときもプリンターに問題があると言います。

　あるいは、失業率やインフレ率が理想的とする数値に収まっていない状態であれば、それも問題だと考えます。

　したがって、理想の状態や目標とする状態が異なれ

ば、同じ状況でも問題とされないのです。

　たとえば、男女が同等の雇用機会を得るべきである
とする社会では、男女の雇用機会に差があれば問題と
なりますが、男女の雇用機会は同等ではないとする社
会では、男女の雇用機会に差が生じていても問題とな
らない可能性があります。その場合は、むしろ男女の
雇用機会に差が生じていても問題とならないことが問
題になるかもしれません。

　同様に、ある部品のねじ穴の位置の誤差が１ミリ以
内でなければ製品が組み立てられない場合は、その部
品のねじ穴の位置が1.5ミリずれていたら問題となり
ますが、誤差が２ミリ以内であれば組み立てられる場
合は1.5ミリのずれは問題になりません。

　このように、問題であるかどうかは、理想の状態や
目標とする状態により変わるのです。

課題とは何か

　「問題」とは、理想の状態や目標とする状態と現状・
現実の状態の間にギャップがある事態であると説明し

ました。

　それでは「課題」とは何でしょうか。問題と課題は同時に使われることが多く、時として混同されています。

　「我が社は問題が多い」や「このサービスには課題が多い」といった使い方がされているとき、実は「問題」も「課題」も曖昧に使われている可能性があります。

　実は、「問題」とは、理想の状態や目標とする状態と現状・現実の状態との間のギャップでしたが、「課題」とは、そのギャップを埋めるために行うこと、つまり「問題」を解決するための具体的なアクションを示します。

　したがって、厳密に言えば、「問題解決のために」といった言い方はあり得ますが、「課題解決のために」は適切ではありません。「問題解決のために課題を実行する」となります。

　たとえば、あるカレー店では平日の1日の来客数が200名を目標にして売上計画を立てていましたが、このところ1日の平均来客数が100人ほどに落ちています。

　この場合、「問題」は平日の1日平均来客数が目標数に対して100人不足していることになります。

　そこで「課題」は、平日の平均来客数を100人増や

すことになります。課題実行のための手段として、設定していた商圏の範囲を拡大する。拡大した商圏の住民に店の存在を知ってもらうためにチラシを配布する。チラシを受け取った人が店に来たくなるように、チラシには新メニューの紹介や期間限定のクーポン券を印刷する、などとなります。

課題設定の重要性

　ある部品メーカーで、Aさんは2回目の納品ミスを起こしてしまいました。1回目と同じミスです。

　この場合、問題は同じ人が同じミスを2回行ったことです。そのため、課題は同じ人に同じ納品ミスを起こさせないことになります。

　そこで、課題を実行するために具体的な対策が練られます。Aさんが納品時にミスを行わないようにチェックリストを作成して使わせるという案が出されました。

　確かにこの案はミス防止に有効でしょう。是非実行すべきです。しかし、この問題の捉え方と課題の設定

では、Ａさんだからミスを犯したという属人的な原因を前提としています。

　チェックリストというＡさんにフォーカスした対策も必要ですが、組織として同じ人がミスを発生しやすい原因を追及する必要があります。「果たしてＡさんのみが個人的に能力が低いのか？」と疑うべきなのです。

　そこでさらに調査してみると、実はＡさんが担当しているクライアントのうちの１社が、他のクライアントに比べて納期に対して極端に直前の発注をしていることが分かりました。しかも、メールやフォームを使った発注ではなく、電話による口頭での発注だったのです。

　このように、Ａさんの問題という属人的な視点から組織という視点に上げることで、それまで隠れていた問題の原因が明らかになり課題も変わってきます。

　この例では、まずクライアントに発注ルールの厳守をお願いすることが必要になります。

論点は十分か

　たとえば、営業担当者が営業も兼ねて営業車で納品物をクライアント配達する際、渋滞に巻き込まれてクライアントへの到着予定時刻が間に合いそうもなくなったという問題が発生したきにどうすべきか、という課題の設定が問われたとします。

　この課題に対し営業部では、「すぐにクライアントに電話して何分ほど遅れるのかを伝えるべきだ」という対処方法が提案されました。

　しかし、この対処方法は解決策として最適でしょうか。論点は正しいでしょうか？

　このようなときは「そもそも論」が役に立ちます。この例であれば、「そもそも渋滞に巻き込まれても遅れないようにできないのだろうか？」や、「そもそも渋滞に巻き込まれない方法はないのだろうか？」と論点を広げることが可能です。

　そうすれば、「すぐにクライアントに電話して何分ほど遅れるのかを伝えるべきだ」という解決策は必ずしも最適解ではないと気付くことができます。

　たとえば、解決策として以下が上げられます。

- 渋滞に巻き込まれない時間帯に配達する。
- 渋滞に巻き込まれないルートを選ぶ。
- 渋滞に巻き込まれても間に合うように早く出発する。

いかがでしょうか。論点を一つ上に上げるだけで、選択肢が増えることがあります。

前提を疑うゼロベース思考

前項では「そもそも」を使うことで前提を見直しました。このように、議論の前提自体に偏りがあると、正しい解決策に行き着けなくなります。

クリティカルシンキングの実践においては、自分やチームの「暗黙の了解」を前提にすることから自由でいなければなりません。クリティカルシンキングを阻害するのは、その人の経験や周りの環境からの影響を受けている思考回路です。そして問題は、多くの場合、この偏った思考回路に対して自覚を持っていないことです。

そこで、常に次の事を自分に問いかける必要があり

ます。

- 常識に囚われていないか？
- 立場に囚われていないか？
- 成功体験や失敗体験に引きずられていないか？

　また、企業においては業務マニュアルに忠実であることが求められます。しかし、環境は常に変化していますので、固定された業務マニュアルが常に正しいとは限りません。業務マニュアルに忠実に作業をし続けていると、「なぜこの作業が必要なのか？」といった疑問を持ちにくくなります。そのため、既に業務マニュアルが作られた当時とは環境が変わってしまい、形骸化した作業をしていても気付きにくくなります。

　そこで、クリティカルシンカーは、常にゼロベースで物事に疑問を持つように心掛けます。このときに必要な「ゼロベース思考」とは、技術ではなく、既存の枠に囚われずに思考する姿勢を示します。

抽象的な正論を疑う

　会議や討論の場で、抽象的な正論を主張することで、いかにもまっとうな意見をしているように見せたがる人がいます。企業の経営陣や政治家に多いでしょうか。

　たとえば、経営会議などで「我が社は利益率を上げるために、売上を上げて経費を削減する必要がある」などと述べる人がいます。正論ですから誰も異を唱えにくいですし、立場が強い人が言っていればなおさら、周りは頷く他ありません。

　しかし、このような抽象的な正論は当たり前過ぎることを主張しているだけで全く中身がありません。企業が売上アップと経費削減を目指すのは当たり前です。

　問題は、その企業の財務や販売実績、商品ごとの利益率、市場の環境などを調査して、いったいどの商品やサービスの売上を伸ばすのか、削減する経費とはどの経費なのか、その経費を削減することで営業活動に影響は出ないのか、など、より具体的な提案がなければ、抽象的な正論など聞く価値がありません。

　また、政治家の選挙演説等は、抽象的な正論のオン

パレードです。「誰もが安心して暮らせる平和で豊かな国を目指しましょう」と言っておきながら、「将来世代にツケを回さないために、今は財政再建を急ぎます！」と全く矛盾したことを言っているのですが、聴衆はこの手の抽象的な正論には異を唱えにくいのです。「財政再建を急ぐために増税して財政出動を抑制すれば、景気は悪化しインフラは老朽化し、技術力も防衛力も弱体化してしまいます。その結果、平和も豊かさも実現しませんし、将来世代には荒廃した社会を押しつけることになるのではないか？」といった疑問を持てなければなりません。

　しかし、耳あたりの良い、しかも抗うことのできないキーワードがちりばめられた抽象論に人は弱いのです。

　クリティカルシンカーは、抽象的な正論という不毛な主張に惑わされてはいけません。

8

論理の展開と
非論理の批判

論法の基礎知識

　論理的な思考法を最初に体系化したのはアリストテレスと言われています。ここでは、論法の基礎知識としてアリストテレスの三段論法とモーダスポネンス、モーダストレンスについて紹介します。

　アリストテレスの三段論法は非常に有名な論法で、大前提→小前提→結論の形式で論じられます。次の例が有名です。

　大前提：全ての人間は死すべきものである。
　小前提：ソクラテスは人間である。
　結　論：ゆえにソクラテスは死すべきものである。

この論法はすぐに応用できます。

　大前提：全ての猫は動物である。
　小前提：ノルウェージャンフォレストキャットは猫である。
　結　論：ゆえにノルウェージャンフォレストキャットは動物である。

次に、モーダスポネンスを紹介します。

　モーダスポネンスは、１つめの前提で一般的条件が
定められて、２つめの前提で１つめの前提が満たされ
ていることを確かめます。例を見てみましょう。

　　前提１：もしそれが鉄ならば磁石で動かせる。

　　前提２：それは鉄である。

　　結　論：したがって、それは磁石で動かせる。

　三段論法をモーダスポネンスで表してみましょう。
先ほどのノルウェージャンフォレストキャットが猫であ
る結論をモーダスポネンスで導きます。

　　前提１：ノルウェージャンフォレストキャットが猫
　　　　　　であれば動物である。

　　前提２：ノルウェージャンフォレストキャットは猫
　　　　　　である。

　　結　論：したがって、ノルウェージャンフォレスト
　　　　　　キャットは動物である。

　次に、モーダストレンスを紹介します。

　モーダストレンスは、１つめの前提で一般的条件が

定められて、２つめの前提で１つめの前提が満たされていないことを確かめます。

　　前提１：もし彼が犯人なら右手に傷を負っているは
　　　　　　ずである。
　　前提２：彼は右手に傷を負っていない。
　　結　論：したがって、彼は犯人ではない。

論法の破綻

　基本的な論法について紹介しましたが、私たちの日常では論法が破綻していることが多くあります。論理学では論証の仮定に瑕疵があって論証が妥当ではないことを誤謬（ごびゅう）と呼びます。そして意図的な誤謬が詭弁です。

　特に三段論法で、中概念が少なくとも一回は周延しなければならないという規則が守られていないことで生じる誤謬を「中項不周延の誤謬」あるいは「中項不周延の虚偽」と呼びます。

　たとえば、次の様な論法です。

前提１：全ての猫は動物である。

前提２：全ての犬は動物である。

結　論：したがって、全ての犬は猫である。

この場合の中概念は「動物」ですが、「動物」は一度も周延していません。中概念とは大前提と小前提（例では前提１と前提２）の両方に含まれて、大前提と小前提を媒介して両者の結合を可能とする概念のことです。

周延するとは、全てに言及していることを意味します。前提１では全ての「猫」について言及していますので周延していますが、全ての「動物」について言及していませんので周延していません。同様に前提２では全ての「犬」に言及していますので周延していますが、全ての「動物」について言及していませんので周延していません。

その結果、中概念の「動物」は一度も周延されていません。したがって、「中項不周延の誤謬」あるいは「中項不周延の虚偽」が生じるのです。

次に「前件否定」と呼ばれる誤謬について紹介します。

前件否定とは、「もしＰならばＱである。Ｐではない。したがってＱではない」という形式の論証です。

たとえば、次のような論証が前件否定です。

前提１：もしその板が鉄ならば、電気を通す。
前提２：その板は鉄ではない。
結　論：したがって、その板は電気を通さない。

　この論証の場合、「その板は鉄ではなくても（銅や
銀、アルミニウムなどでも）電気を通す」と反証を突
きつければ覆ってしまいます。
　次に「後件肯定」と呼ばれる誤謬もあります。
　後件肯定とは、「もしPならば、Qである。Qであ
る。したがってPである」という形式です。次の様な
例が考えられます。

前提１：もしその飲み物がコーヒーなら苦いだろう。
前提２：その飲み物は苦い。
結　論：したがって、その飲み物はコーヒーである。

　この場合は、苦い飲み物がコーヒーだけではないこ
とを示せば、前提は正しくても結論は間違っていると
いう誤謬です。
　以上のように、論証の構造上に欠陥がある誤謬を

「形式的な誤謬」と呼びます。

　それでは「形式的ではない誤謬」とはどのようなものでしょうか。形式的ではない誤謬には、「合成の誤謬」や「関連づけの誤謬」があります。

　合成の誤謬とは、一つの例をもって全体も同じであるかのようにミスリードする主張です。たとえば、「A校の男子生徒であるB君はすぐに喧嘩をする。まったくA校の男子生徒は乱暴者だ」などです。すぐに喧嘩をするのはB君であるにもかかわらず、A校の男子生徒が全てすぐに喧嘩をするかのようにミスリードしています。

　経済学では、合成の誤謬は個々の正しい行為が社会全体では正しくないときに使われます。たとえば、「節約と貯蓄は個々の消費者にとっては美徳だが、皆が節約と貯蓄を行うと、経済全体としては不況になるので好ましくない」などと使います。

　また、関連づけの誤謬は「連座の誤謬」とも呼び、「A校のC君は先生に嘘をついた。だからA校のD君の言うことも信用できない」や、「A党の景気対策にB党も賛同した。しかしB党は特定の業界と癒着している政党だ。だからこの景気対策もろくなものではないだろう」、あるいは「彼は冷たい男だから、彼の友

人も冷たい男だろう」などという根拠のない関連づけを行う主張です。これらの主張は、「カモメは鳥だ。鳥は飛べるのだから、同じ鳥のダチョウも飛べる」と言っているのと同じです。

「合成の誤謬」や「関連づけの誤謬（連座の誤謬）」は雑な主張に思えますが、このような主張がレッテル貼りに繋がり、風評被害や行き過ぎた誹謗中傷に発展しやすいため、注意する必要があります。

レトリックを見破る

　歴史上の名演説や討論などでは、巧みなレトリックが使われました。レトリックとは弁論術で、古代ギリシャの「レトリケ」を語源とします。語源となったレトリケには、言葉の使い方だけでなく論点の洗い出しから暗記述、主張の際の身振り手振りの技術までが含まれていましたが、現代のレトリックでは言葉の使い方に絞られています。

　そのため、現在ではコミュニケーションの場で情報の発信者が使用する手法や技術となり、日本語では

「修辞法」と訳されています。特にビジネスの場では
プレゼンテーションや報告書などで説得力を高めるた
めに使われます。

　そこでここでは、レトリックとして使われている代
用的な表現手法を紹介します。レトリックの手法を
知っておけば、演説を聴いたりニュース番組を視聴し
たり、あるいは文章を読んだときに、「あ、ここでレト
リックが使われているな」と気付けるようになります。

　レトリックに気付けるようになれば、その演説や
ニュース番組、記事などが聴衆や視聴者、あるいは読
者を意図的にミスリードさせていることにも気付きや
すくなります。

● 比喩
　比喩はある事柄を別の事柄に喩えて表現する手法で
す。比喩はさらに直喩、隠喩、換喩、提喩などに分類
されています。他の事柄に喩えることで、受け手の理
解を助けたり、印象を操作することができます。

　「直喩」は別の事柄に直接喩える手法です。たとえ
ば、「君の肌は雪のように白い」、「部長の笑い方はま
るで少年のようだ」、「そのロボットの受け答えはまる
で人と話しているように自然だ」、「彼女はスズメのよ

うにせわしなく移動していた」などです。

　「隠喩」でもある事柄を直接別の事柄に喩えますが、喩えていることを示す「まるで〜だ」や「〜のような」といった分かりやすい表現は行いません。そのため、受け手によっては隠喩が行われたことに気付かない場合もあります。

　たとえば、「彼女の無邪気さは、都会に咲いた一輪の花として大切にされた」、「この会社では私は異邦人だった」、「新薬の開発という宝探し競争は熾烈だった」、「このプロジェクトは、まだ五合目辺りだろう」などです。

　「換喩」はある事柄を他の事柄に置き換える表現手法です。たとえば、「ペンは剣より強し」であれば言論が暴力よりも影響力があることを示していますし、「それは永田町の論理だな」では「永田町」が「政界」を示しています。同様に、「それがホワイトハウスの考えだ」では「ホワイトハウス」は「米国政府」を示しています。また、普段キーボードで原稿を執筆している作家でも、文筆活動を止めるときには「筆を折る」などと表現します。「店に入ると閑古鳥が鳴いていた」とは、客が入らず寂れた様子を示しています。

　「換喩」はある事柄をより上位の概念で表現したり、

下位の概念で表現したりします。たとえば、パソコンにインストールされているシステムを起動する時には「パソコンを立ち上げる」、扇風機の羽根を回転させるときにも「そこの扇風機を回してよ」などと表現します。あるいは隣接関係にある事柄に置き換える場合もあります。たとえば、「ヤカンが沸いているよ」や「鍋が煮えてるよ」というのはヤカンの中身のお湯が沸いていることや鍋の中の料理が煮えていることを表します。

　「提喩」は「換喩」に似ていますが、全体で一部を、一部で全体を表す手法です。たとえば、「今年の花見は楽しみ」の「花」は桜を示していますし、『新約聖書』マタイ伝・第四章の有名な言葉である「人はパンのみに生きるにあらず」でも、「パン」は「食べ物も含めた物質的な満足全体」を示していると言われています。また、「ねえ、お茶でもしない？」というときの「お茶」には緑茶や紅茶だけではなく飲み物全般が示されています。

● 誇張
　「誇張」も日常的に使われる表現方法です。たとえば、「ウサギ小屋のような我が家」、「猫の額ほどの土

地」、「死ぬほど疲れた」、「口から心臓が飛び出すほど驚いた」、「目に入れても痛くないほど可愛い」などです。

● 列叙法（れつじょほう）

関連する事柄を立て続けに並べる表現手法です。列叙法には「列挙法」と「漸層法（ぜんそうほう）」があります。列挙法の例として、「そこには子供、大人、老人とあらゆる世代が集まっていた」や「警備員は、入り口、門、裏口、車庫など全ての守りを固めるように」、あるいは「部屋に入るとモノは少なかった。白いテーブル、白い椅子、白いコーヒーカップ、白いカーテン」などがあります。

一方、漸層法は受け手の視点をずらすことで文意を強めていきます。たとえば、「この技術は我が社の売上に貢献するだけでなく、社会の、国家の、いや人類の役に立つでしょう」や、「今の彼に必要なのは、癒し、希望、信仰、そして愛だろう」などです。

● 対句（ついく）

対句は二つの事柄を並べて印象を強める表現手法です。たとえば、「君の存在は昼の太陽、夜の月だ」、「青

い空に白い雲」、「夏は青い海へ、冬は白い山へ」など
と表現します。

● 緩叙法
<small>かんじょほう</small>

　緩叙法は、直接的な表現を避けることで、相手の想
像力が働く余地を残す表現手法です。たとえば、「そ
う言える」を「そうとも言えなくもない」、「あなたの
ことをずっと考えている」を「あなたのことを考えな
いときはない」、「この車の走りはいい」を「この車の
走りは悪くはない」などです。

● 擬人法
<small>ぎじんほう</small>

　擬人法は、人以外の物事を人に喩えることで、理解
を促したり印象を強めたりする表現手法です。たとえ
ば、「エンジンが雄叫びを上げた」、「鳥が歌う」、「花
が笑った」、「冬の足音が聞こえる」、「強い突風に殴ら
れた」などです。

● 擬態法
<small>ぎたいほう</small>

　擬態法、は物事を擬態語や擬音語で表現することで
臨場感を出す表現手法です。擬態語を使った例では、
「その子の瞳はクルクルとよく動いた」、「あの老人が

ジロジロとこちらを見ている」、「何をそんなにソワソワしているのだ」などがあり、擬音語を使った例では、「たき火がパチパチと燃えている」、「風がゴウゴウと吹いている」、「彼はバタンとドアを閉めた」などがあります。

● 倒置法
倒置法とは、言葉を使う順序を変えることで印象を強くする表現手法です。たとえば、「カラスが鳴いた」を「鳴いたのはカラスだ」、「君を信じているよ」を「信じているよ、君を」、「トップになるまでは諦めないぞ」を「諦めないぞ、トップになるまでは」などです。

● 体言止め
体言止めは、文章の最後を名詞や名詞句で終了させることで強調したり余韻を残したりする表現手法です。たとえば、「夏の海も良いけれども、独り占めできるのは冬の海」、「そこで期待されているのがAI」などです。

● 反復法
反復法は、同じ言葉を繰り返すことで強調する表現

手法です。たとえば、「それは遠い遠い昔のことです」、
「今日は暑い暑い」などです。

● 同語反復

　反復法と同じように、同じ語句を繰り返します。た
とえば、「やはりバラはバラだな」、「しょせん、車は
車だ」などです。

● 反照法

　反照法は、文章全体の最初と最後に同じ意味を主張
することで、強調したり確認を促したりする表現方法
です。たとえば、「キャッシュレス決済は時代の要請
です。たとえば〜（本文略）〜となるでしょう。だから
こそ、キャッシュレス決済は時代の要請となっている
のです」などです。

レトリックに惑わされない

　前項では、表現方法としてのレトリックを紹介しま
したが、具体的な証拠や根拠がないにもかかわらず、

思わず信じてしまうような言説が流布することもあります。

たとえば、以下の三段論法は馴染みがあるかもしれません。

前提１：国債を発行し続けた結果、国の借金が1255兆円を超え、国民一人当たり1000万円以上の借金となっている。

前提２：このまま国の借金が続けば、借金が返済できなくなり債務不履行（デフォルト）となる。

結　論：だから今からすぐにでも増税して財政を健全化する必要がある。そうしなければ、私たちは次世代にツケを回してしまうことになる。

さて、以上の言説を信じて危機感を持たれている読者もおられるかもしれませんが、ここはクリティカルシンキングで読み直してみましょう。

まず、前提１に対して疑問が生じます。

● 国の借金とは何か。正しくは政府の借金なのでは

ないか。

- しかもなぜ、政府の借金が国民の借金にすり替え
  られているのか。国民は政府の代わりに借金を
  負った覚えはないはずです。政府にお金を貸し
  ているのは日本銀行や金融機関ではないのでしょうか。

次に前提2について疑問が生じます。

- 通貨発行権のある政府が自国通貨建ての国債を返
  済できなくなる可能性はゼロなはずなのに、な
  ぜ、債務不履行になるのか。
- 世界の歴史の中で、自国通貨建ての国債を発行し
  て債務不履行になった国はあるのか。これまで債
  務不履行になった国は全て外貨建てで国債を発行
  していたのではないか。

このように前提に疑問点がある以上、結論は納得で
きるものではありません。そもそも結論に対しても次
の疑問が生じます。

- 増税して政府の借金を返済すると言うが、そもそ
  も国民が保有している通貨は政府が発行したもの

です。その発行の際に国債を発行している訳ですから、政府の負債とは、単なる通貨の発行記録に他なりません。自らが発行した通貨を税金として回収してしまえば、国民の保有通貨が減少し、景気が悪化することは目に見えているのではないでしょうか。

　そして最後の「次世代にツケを回して」という表現は、国民の感情に訴えるレトリックです。実際、私たちが豊かなインフラの下に豊かな生活を享受できているのは、先人達が国債を発行して投資してきた結果であり、決してツケを回されている訳ではありません。むしろ、国債を発行せず増税して緊縮財政を進めると、景気が悪くインフラなどが劣化した国を次世代に送りつけることになってしまうのではないでしょうか。

　以上をもって、このよく知られた言説が、かなりいかがわしい内容であることが分かります。このようにクリティカルシンキングを行えば、環境問題や感染症の問題など、一般に広く流布している言説が実はかなりいかがわしい内容であることが見えてくるでしょう。

あなたは論理的ですか？

　論理的ではないのは世間に流布している言説だけではありません。私たち自身が日頃論理的な説明や主張を行っているのか、かなり疑わしいのです。

　そこで、自身が日頃から論理的に説明したり主張したりしているかどうか、次のチェックリストでセルフチェックしてみましょう。

☐ 具体的な例を出しているか。

☐ 事例を示すときに、典型的な例と例外的な例を区別しているか。

☐ 具体的な数値や傾向の根拠（裏付け）を示しているか。

☐ 使用している言葉の定義を明らかにしているか。

☐ 全体から話しているか。（些末なことや枝葉から話していないか）

☐ 流行の言葉でごまかしていないか。

☐ 必要条件と十分条件を使い分けているか。

☐ 統計上の根拠がないのに「絶対に」や「全て」などの決め付けをしていないか。

☐「以前は」や「昔は」などを使わずに「〇年前」

や「リーマン・ショック以前は」、「2021年以降
は」などと時期を具体的に示しているか。

☐ 要素が複数ある可能性を示せているか。(「理由
の一つです」や「原因は5つ考えられます」など)

☐ 引用する際、出典を明らかにしているか。

☐ 反論する際、主張に対してであり、人格を否定
していないか。(「あなたの主張する○○につい
て疑問がある」は良いが「あなたは信用できな
い」ではいけない)

論理破綻は日常的

　前項で自分が論理的であるかどうかのチェックをし
てみましたが、実際に論理破綻している例を見ると、
論理破綻が日常的に起きていることを実感できると思
います。ここに上げた例文の中に、自身でも使ってい
たり、よく言われたりしているなど心当たりがあるか
もしれません。それでは見てみましょう。

　☐ 5回も転職してきたような人が、管理職として

通用するはずがない。（人を経歴でラベリングしていませんんか？）

□ 以前、米国○○社製のパソコンが不良品だったから、米国製のパソコンは買わない方がいい。（限定的体験から偏見を持っていませんか？）

□ 彼のスプーン曲げのトリックを見破った人はいないのだから、彼は超能力者だ。（証明されていないことを正当化していませんか？）

□ その書類には手書きの署名と押印が決まりだからメール添付で提出しないように。（慣例を根拠に正当性を主張していませんか？）

□ ゲームばかりやっているから、今の子供は想像力がないのだ。（前提に対して根拠のない結論を出していませんんか？）

□ テレビでも有名な教授の学説なのだから、間違っているはずがないだろう（権威による正当化をしていませんか？）

□ 今こそ外食産業へ参入しなければなりません。これは亡き先代の夢だったのです。（逆らいにくい情に訴えて主張を通していませんか？）

□ コストダウンができないなら撤退するしかない。（他の選択肢があるにも関わらず、二者択一にし

て結論を急いでいませんか？）

□ 我々のサービスは競合他社に価格で負けたのだ。（結論を正当化するために一部のデータだけを取り上げて、他のデータ（サービスの品質など）を無視していませんか？）

□ この経典に書かれてることが真実だ。なぜなら仏陀が語ったことが書かれているからだ。なぜ仏陀が語ることが真実なのかというと、そのように経典に書いてあるからだ。（循環論に陥っていませんか？）

□ 節約は美徳だ。だから皆で節約に励めば、社会は良くなる。（合成の誤謬に陥っていませんか？皆が節約に励めば不況になりませんか？）

□ やはり運動部出身の新入社員は根性があるな。文化系サークルのA君は根性がないからね。（自分の偏見に都合のよい情報だけで結論を出していませんか？）

□ 暴力的な大人には暴力的なマンガの愛読者が多いことから、暴力的なマンガを読むと暴力的な大人になることは確かだ。（相関関係を因果関係とすり替えていませんか？）

□ この部屋は日当たりも良く、駅からも近いので

逃すともったいない物件ですよ。（一つの事実だけを告げて別の事実を告げずにミスリードしていませんか？　この部屋は実は線路際で電車の音がうるさいなど）

□ 長寿で有名なこの村の住人たちの7割は井戸水を飲んでいた。この井戸水こそ長寿の要因だ。（実際には関係のないデータを根拠に結論を主張していませんか？）

□ この県の人達は皆、辛いものが好きだからね。（裏付けがないのに、ある傾向が全てに当てはまると決め付けていませんか？）

□ SNSが普及してからストーカー事件が増えている。リアルなコミュニケーションの減少が原因だ。（順番に起きている現象に因果関係があると決め付けていませんか？）

□ カッパはいるよ。だって、君はカッパがいないことを証明できないだろう？（不存在の証明、つまり悪魔の証明を要求していませんか？）

□ 外側が黄色い財布はお金が出て行きやすいけど、内側が黄色の財布ならお金が入ってくるようになるよ。（根拠のない抽象的な考えを当然の法則のように使っていませんか？）

□ 君は、増税は景気を悪化させるからけしからんというけれども、将来世代にツケを押しつけても構わないと言うのか？（相手が不利になるシナリオを捏造して不利に追い込む藁人形論法を使っていませんか？）

　いかがですか？　もし、自分も使っていると心当たりがあれば、論理破綻しているので今後は使わないように注意が必要ですし、周りに使っている人がいれば、破綻した論理に惑わされないように注意したいものです。

9

因果関係を明らかにする

原因を推測するとは
どういうことか

　何かの現象が生じたとき、その原因を探るのは実は大変なことです。

　私たちは日常的に「○○が起きたのは、□□のせいだろう」と即断しています。日常生活に置ける判断であれば、その推測が外れていても大きな問題にならないことが多いでしょう。極端な話、縁起が悪いといった非科学的、非論理的な推測でも支障がないことが多いためです。

　たとえば、ある会社員が朝出勤するときに目の前を黒猫が横切り、同時にすぐそばの塀の上でカラスが鳴いていたので、「なんだか不吉だなぁ」などと思って出社すると、上司から昨日提出した報告書にミスが多いと叱られてしまいました。するととっさにその会社員は、「ああ、黒猫が横切ったのとカラスが鳴いていたせいだ」などと思うかもしれません。

　あるいは、取引先から納品ミスがあったとクレームの電話があったあと、ふとカレンダーを見ると「仏滅」と書かれています。「ああ、今日はついていない」などと思うかもしれません。

この会社員がとっさに思った因果関係は、実際には単なる気持ちの問題ですし、個人的な心の収めようとしては、このような思考でも問題ないかもしれません。

　しかし、ビジネスの現場では、原因を見誤ると取り返しが付かない事態になることもあります。

　たとえば、お菓子メーカーが製造した菓子に金属の破片が混入していたことが発覚した場合、その原因をしっかりと追及しておかなければ、同じ事故が再発する可能性がありますし、商品や企業に対する信用が失墜して、商品の売れ行きが落ち込んだり株価が下落したり、最悪の場合、しかるべき機関から業務停止命令が出されるかもしれないのです。

　したがって、原因の追及は非常に重要な行為であると言えます。

　ところが、原因を追及することは非常に困難な場合があります。たとえば、クライアントに対して受注のために競合とのプレゼンテーションを別々に行ったとき、受注できなかったときの原因を明らかにして次のプレゼンに備えようとします。このとき、プレゼンに参加したチーム内で競合に負けた原因を追及しようとしたときに、様々な要因が考えられる場合があります。

たとえば、プレゼンで説明役であったメンバーの説明の仕方が下手だったからではないか。あるいはプレゼンの構成が分かりにくかったのではないか。プレゼンで使用したスライドのデザインがチープだったのではないか。そもそも訴求内容が的外れであったのではないか。いやいや、我が社の商品のスペック自体に競争力がないのではないか。それとも価格設定を間違えたのか。

　チームの全員が同じ意見であれば、それを原因として仮定し、PDCAを回すことは現実的ですが、もしも各メンバーがバラバラの原因を指摘した場合は、その中から正しい原因を抽出することが難しいことがあります。

原因を選択する

　いくつもの原因が候補に挙がったとき、まず見極めが難しいのは、本当の原因が、候補の中から漏れているかどうかが分からないという場合があります。この場合は、全ての原因の候補に対する改善策を全て実施

して初めて、「これらのいずれも原因ではなかった」と気付くためです。

　また、私たちには印象深い出来事や変化を原因だと思い込みやすい傾向があります。たとえば、プレゼンの最中にプレゼンテーターが何度か噛んでしまったことの印象が強いと、「やはり、説明の仕方が下手だったのではないか？」と考えやすいのです。あるいは、プレゼンの途中でクライアントの一人から「すみません、今のスライドが分かりにくかったのですが」といった指摘を数回されたことが印象深かった場合も、「スライドのデザインが悪かったのではないか？」と思いがちです。しかし実際には、競合に対して最も差別化となっていた機能の説明が抜け落ちていたことが受注を逃した原因だったのかもしれないのです。

　このように、一見自分たちは論理的に考えられる原因を挙げているつもりでも、実は前項に登場した黒猫が横切ったことやカラスが鳴いたことに原因を求めているのとさほど変わらない思考を行っている可能性があります。

　印象により、あることが原因であると考えられることはもっとありふれた出来事にも見ることができます。

　たとえば、一際美しいことで人気のある女優が、テ

レビ番組で司会者から「○○さんが毎日欠かさないようにしていることはありますか？」と尋ねられて、「はい、朝食は必ず○○社のシリアルを豆乳に浸してスライスしたバナナを混ぜて食べています。これはデビューする以前からの習慣なんです」と答えた場面が放映されると、すぐさまSNSで話題となって拡散し、翌日になると全国のスーパーで○○社のシリアルの売り切れが続出するという事態になることがあります。

　これは、番組を見た視聴者やSNSで拡散された情報に接触した人たちが、「○○社のシリアルを豆乳に浸してバナナのスライスを加えて毎朝食べることが、女優の○○さんの美しさの原因だ」と思い込んだことから起きるのです。もちろん、たまたまその朝食の習慣が美容に役立っていた可能性もありますが、実際にはその因果関係は誰にも証明されているわけではありません。

因果関係があるとは

　それでは因果関係とはどのようなときに確認できる

のでしょうか。

　たとえば、次の事象の因果関係を考えてみましょう。
「SNSで若手俳優のA氏が、Bラーメン店で食事している光景を写真に撮影してアップし、"ここの塩ラーメンはめっちゃ美味しい！"とコメントを付けた。すると翌日からBラーメン店には通常の4倍の客が訪れ、店の外には長蛇の列ができた」

　さて、この例はとてもシンプルですので、因果関係は簡単に分かります。因果関係は次のように表せます。
「若手俳優のA氏がSNSでBラーメン店を紹介したので、SNSで情報が拡散されて、それを見た人たちが翌日にBラーメン店を訪れた」

　この説明を可能にし得るのは、以下の3点が暗黙の前提になっているためです。

- 時間的に原因が先で結果が後になっていること。（Bラーメン店が繁盛したからA氏が紹介したのではない）
- 原因と結果に因果関係があることを疑いにくいこと。（それまでこれほどの客が来たことはなく、明らかにA氏の紹介が影響している。あるいは客が皆「Aさんの投稿を見たから」と言っているなど）

- 3番目の因子がないこと。（たまたまＡ氏がSNSに投稿した日に、その店が全く別のテレビ番組の取材を受けていたなどの出来事が起きていないこと）

　つまり、この3点のどれか1点でも前提が異なれば、この因果関係は崩れてしまいます。

　たとえば、3つめの「3番目の因子がないこと」を確認できなかったことで、因果関係を見誤ることがあります。例を挙げてみましょう。

　あるハンバーガーショップの店舗別売上を確認したところ、コンビニエンスストアの隣にある店舗の売上が良い傾向が見られました。そのため、経営者は次の様に判断しました。

　「本来競合すると思われたコンビニだが、おそらくコンビニで食べ物や飲み物を購入しようとして訪れたお客様の何割かが、隣にハンバーガーショップがあることに気付いて流れてくるのだろう」

　この推測に対して、まず、時間的にはコンビニエンスストアが既に隣接している状態ですから時間軸的には問題がありません。それでは原因と結果の因果関係が疑いにくいかというと、これは他の可能性もありそうです。そして3番目の因子がないことについては疑

問がありました。

　すなわち、隣接しているコンビニは常に繁華街で人通りが多い場所にあったのです。すなわち、隣接しているハンバーガーショップの売上が多い原因は、コンビニエンスストアが置かれた原因と同じで、繁華街の人通りが多い場所だったことが考えられます。

　このように、実は共通の原因で生じている現象同士に因果関係があると錯覚してしまう可能性があります。そこで因果関係を洗い出す手順が有効になってきます。

因果関係を洗い出す手順

　因果関係を洗い出す手順については、製造工場に従事している人であれば馴染みがあるかもしれません。というのも、製造工場では常に歩留まりに注意しているためです。

　たとえば、ある製品が製造されるとき、必ず一定の割合で同じ部分に不良が見られれば、その原因を探るためには不良部分の製造に関係がある工程に原因があ

るはずだと目処を付けるでしょう。

　次に、不良がどの工程以降で発生しているのかを調査するはずです。製造工程が10工程あり、不良が派生するのが7工程目以降であることが分かれば、前の6工程まではとりあえず調査せずに、7工程目以降の調査に集中するはずです。

　そこで実は9工程目の部品取り付け時に傷が入りやすいと分かりました。次に行うのは、9工程目のどの動作が不良発生に繋がるのかを調査します。すると、ロボットアームが部品を取り付けた後に元の位置に戻る際、取り付けた部品を擦っていることが発覚しました。

　さて、ここで注意が必要です。以上の調査からは、9工程目のロボットアームの部品取り付け動作に原因があると決着しそうになります。

　しかし、ここでさらに踏み込む必要があります。ロボットアームの動作に原因があるのなら、なぜ、全ての製品で不良が発生しないのでしょうか。

　そこで新たな視点で踏み込む必要が生じます。ロボットアームが元の位置に戻る際に部品に擦ってしまうときと擦らないときの違いは何か。

　この段階になると、正確で揺らぎのないロボット

アームの動きを見つめていても埒があきません。視点を変えるべきです。

　つまり、取り付けられた部品側に原因があるのではないだろうか、と。

　そこでいったん現場を離れ、不良率の変化をグラフ化して確認したところ、不良率は毎日一定の割合で発生しているのではなく、多い日と全くない日に分かれることが判明しました。

　こうなると大変です。ここからは、ベテランの直感に頼った方が早いかもしれません。このようなときには、必要であれば先輩や上司、素材メーカーなど、できるだけ広い知識を動員することが有効になる場合があります。

　すると、あるベテラン作業員が、「確かに自分も、先輩たちから暑い日は不良率が高いって聞いていたよ」という声をとらえました。そこで不調率の変化のグラフに天候記録を重ねてみます。

　確かに猛暑日に不良率が高まっていることが分かりました。しかし、工場の９工程部分は空調により常に一定の温度と湿度が保たれているのです。

　これでは工場のラインに携わっている人たちでは解決できないと考えて生産管理や品質管理、資材管理な

ど他の部門にも調査したところ、驚くべきシンプルな
事実を発見します。

　資材管理部の話では、該当部品が工場のラインに投
入される直前までは工場の南側にある日当たりの良い
倉庫に補完されていたのでした。その結果、工場のラ
インに投入する直前まで高温に曝されていたことが分
かったのです。

　そこでこの部品を製造しているメーカーに問い合わ
せたところ、部品の温度による膨張率は、取り付け面
では変化がありませんが、ロボットアームが戻る際の
軌道側に面した素材は膨張することが分かったのです。

　ここまで調査して、ようやく不良率が高まる原因が
解明できました。あとは、部品の保管場所をかえるか
ロボットアームの軌道を修正するかなど、対処方法を
検討すれば良いことになります。

因果関係が思い込みに
なっていないか

　私たちは、因果関係に思い込みを持ち込むことを日
常的に行っています。ここではいくつかの喩えを紹介

します。

● 思い込み

　Ａさんはダイエットのために、会社での勤務時間が終わると帰宅途中でトレーニングジムに通うことにしました。すると、1カ月後には見違えるほどの効果が出て、周りの同僚たちからもダイエットに成功した理由を尋ねられるようになりました。そこでＡさんがあるトレーニングジムに通っていることを教えると、何人かの同僚たちが同じチェーン店のトレーニングジムに通い出します。しかし1カ月立ってもこれといって変化が無かったため、Ａさんは嘘つき呼ばわりされたのです。

　実はＡさん自身が気付いていませんでしたが、通勤距離が誰よりも長いＡさんがトレーニングジムに通うようになると、帰宅する時刻が遅く疲れてもいたので、それまで自炊していた夕食を簡単なシリアルと牛乳、あるいは僅かな果物などに変えていたのでした。

　つまり、ダイエットを成功させた本当の原因は夕食を減らしたことだったのです。

● 因果関係の取り違え

A社の経営陣は、競合のB社の商品に大きくシェアを奪われていることを問題視していました。そこでB社製品のシェアが伸びている原因を社員に調査させると、「B社の価格が自社よりも低い」という報告が上がってきました。

そこで経営陣は価格を下げるために製造コストを見直し、安価な素材や部品に変えられるところは変えて、価格を下げた商品を市場に投入しました。

ところがその商品の市場からの反応は「品質が低下した」というもので、却ってブランド力を落としてしまい、さらに売上を下げてしまったのです。

実はB社が価格を低くできたのは、思い切った増産を行ったことで規模による製造コスト削減に成功していたためでした。この戦略を採ることができたのは、元々の商品の性能やデザインが高く評価され、そこで差別化できていたために既にシェアが伸び始めていたためでした。

つまり、B社はもともと商品の性能とデザインで差別化できていたことからシェアが伸び始めていたので、量産することで価格を下げる事に成功したのです。それをA社は、価格を下げたからシェアを伸ば

せたと逆に捉えてしまったのでした。

● 呪術師のトリック

　ある農村では、長いこと雨が降らずに困っていました。そこで、村人の一人が雨乞いの上手な呪術師がいるという噂を聞きつけてきます。藁にも縋りたい村長は、その呪術師の元に雨乞いを依頼に行きます。

　すると呪術師は言います。

　「分かりました。それでは龍神を呼び寄せるために高価な供物を捧げなければならないのでこれだけのお金を用意して下さい」

　そこで村長は呪術師にお金を渡し、「それでは雨乞いをして頂けますか？」と尋ねます。

　すると呪術師は、「今、龍神が南の湖からこちらに向かっているので暫くお待ち願いたい」と言います。

　それから暫くして村長が様子を窺いに呪術師を訪ねると、「ふむ、いよいよ龍神が上空に来られておる。このまま立ち去られないように、追加の供物を捧げるので、あとこれだけ用意して下さい」と再びお金を要求されます。

　既に龍神が上空にこられているのであれば、このまま去られてはたまらない、と思った村長は追加のお金

を差し出しました。

　暫くすると呪術師が村長のもとを尋ね、田の縁に祭壇を築くと祈り始めました。

　するとどうでしょう。見事に雨が降り出したのです。村人は歓喜しました。

　すると呪術師は、「それでは龍神がたたらないよう雨に対するお礼の供物を捧げるので、あとこれだけ用意して下さい」とさらにお金を要望しました。

　雨に喜んだ村長は呪術師にお礼のお金を渡します。

　さて、昔から優れた呪術師は、「雨を降らせるために来る」のではなく、「雨が降りそうな所に来る」と言います。つまり、優れた呪術師は知識と経験、観察力から雨が降ることを直前で知ることができるため、ちょうど雨が降りそうな日に、雨乞いの儀式を執り行っていたのでした。

　つまり、「呪術師が祈ったから雨が降った」のではなく、「雨が降ると分かったときに、呪術師は祈って見せた」のです。

　しかし、私たちは、多くの場面でこのようなトリックに欺されているものなのです。

● 最後の藁

「最後の藁」ということわざがあります。藁を大量に背負わせたラクダがいました。もはや疲労が極限に達しようとしていた直前に、あと1本だけ藁を載せるとラクダが倒れてしまいます。

すると、この最後の1本の藁を乗せた人が、皆から「ラクダが倒れたのはお前のせいだ！」と攻められるという話です。

このように錯覚により原因を取り違えてしまうことはよくあることです。たとえば、もう何度も納品ミスをされていた顧客の元に、新しく配属されたばかりの新人営業担当者が挨拶に行ったところ、「オタクのビジネスはいったいどうなっているんだ！」と叱られて帰社しました。その報告を受けた上司は、部下の営業担当者に、「君はお客様にどんな失礼な態度を取ったんだ！」と叱りつけます。

しかし、もうお分かりのように、この新人営業担当者は「最後の藁」を置いてしまっただけの人だったのです。顧客の怒りの原因は、前任者が積み重ねたミスでした。しかし上司は軽率にも、最後の藁を置いた担当者の責任にしてしまったのです。

このような取り違えは、日常的に起きていると注意

した方が良いでしょう。

10

メディアリテラシーと
クリティカルシンキング

フェイクニュースに
踊らされる人々

　近年、フェイクニュースという言葉が盛んに使われるようになりました。特に共和党のドナルド・トランプ氏が民主党のヒラリー・クリントン氏に勝利した2016年の米大統領選や次の2020年大統領選で民主党候補のジョー・バイデン氏がドナルド・トランプ氏に勝利した頃、そして翌年にはトランプ前大統領支持者らが米国連邦議会議事堂襲撃事件を起こし、それと前後して新型コロナウイルスの感染流行が世界に広まるなどした頃に、フェイクニュースに関する話題が注目されています。

　この頃特に話題に上ったのは、米大統領選での民主党による不正選挙疑惑やＱアノンと呼ばれる秘密結社の陰謀、ディープステートと呼ばれる米国の闇の政府の存在、新型コロナウイルスが人工的に作られた説や陽性者数と感染者数を混同したような報道、マスクやトイレットペーパーが不足するというパニック、急遽開発されたワクチンへの安全性に関する諸説、そして2022年になるとロシアによるウクライナ侵攻が始まり、西側メディアが戦況を歪めて報道しているな

ど、いったい何が事実なのか混乱するような状況が報道と流説の拡散によりつくられてきました。

　本書では、これらの報道や流説の真偽を追求はしませんが、これらの情報が多くの人の行動に大きな影響を与えたことは事実です。

　誰もが簡単に情報発信者になれる現代は、同時に誰もが溢れかえる情報に対処するスキルを求められる時代でもあります。

　そこで、クリティカルシンキングを活用したメディアリテラシーを持つことが大切になってきます。

メディアリテラシーとは

　前述のように情報が氾濫する中で、私たちはあらゆるメディアからのメッセージを批判的に分析評価し、行動するリテラシーが必要とされています。

　しかし「メディアリテラシー」の定義は時代と共に変化しています。ここで、いくつかの代表的な定義を確認しておきましょう。

　まず、総務省では以下の様に簡潔に定義しています。

メディアリテラシーとは、次の３つを構成要素とする、複合的な能力のこと。

- メディアを主体的に読み解く能力。
- メディアにアクセスし、活用する能力。
- メディアを通じコミュニケーションする能力。特に、情報の読み手との相互作用的（インタラクティブ）コミュニケーション能力。

〈出典：総務省『総務省｜放送分野におけるメディアリテラシー』（https://www.soumu.go.jp/main_sosiki/joho_tsusin/top/hoso/kyouzai.html）〉

　次に、世界的に参照されている定義としてNAMLE（National Association for Media Literacy Education：全米メディア・リテラシー教育学会）や米国のCML（Center for Media literacy）、そしてユネスコによる定義を見てみましょう。

　まず、NAMLEの定義は以下の通りです。

メディアリテラシーとは、あらゆる形態のコミュニケーションを使用して、アクセスし、分析し、評価し、作成し、そして行動する能力です。簡単に言えば、メディアリテラシーは伝統的なリ

テラシーの基礎の上に構築され、新しい形式の読み書きの形態をもたらします。メディリテラシーは、人々が批判的に思想し、創造し、効果的にコミュニケーションを行い、積極的な市民になる力を与えます。

（原文）

Media literacy is the ability to ACCESS, ANALYZE, EVALUATE, CREATE, and ACT using all forms of communication. In its simplest terms, media literacy builds upon the foundation of traditional literacy and offers new forms of reading and writing. Media literacy empowers people to be critical thinkers and makers, effective communicators and active citizens.

〈出典：『Media Literacy Basics - U.S. Media Literacy Week』（https://medialiteracyweek.us/resources/media-literacy-basics/）〉

次にCMLの定義は以下の通りです。

メディアリテラシーは、教育に対する21世紀のアプローチです。印刷物からビデオ、インター

ネットまで、さまざまな形態のメッセージにアクセスし、分析し、評価し、作成し、そして参加するためのフレームワークをもたらします。メディアリテラシーは、社会におけるメディアの役割の理解と、民主主義の市民に必要な探究と自己表現の基本的なスキルを構築します。

（原文）

Media Literacy is a 21st century approach to education. It provides a framework to access, analyze, evaluate, create and participate with messages in a variety of forms — from print to video to the Internet. Media literacy builds an understanding of the role of media in society as well as essential skills of inquiry and self-expression necessary for citizens of a democracy.

〈出典：『Media Literacy: A Definition and More | Center for Media Literacy | Empowerment through Education | CML MediaLit Kit ™ 』(https://www.medialit.org/media-literacy-definition-and-more)〉

そしてユネスコでは、情報リテラシーとメディアリテラシーを定義しています。

情報リテラシー

情報のニーズを定義し、明確にする

情報を探し出し、アクセスする

情報を評価する

情報を整理する

情報を倫理的に利用する

情報を伝達する

情報処理のためのICTスキルを使用する

メディアリテラシー

民主主義社会におけるメディアの役割と機能を理解する。

メディアがその機能を発揮するための条件について理解する。

メディアの機能に照らして、メディアの内容を批判的に評価できる。

自己表現と民主的な参加のためにメディアを利用する。

ユーザーがコンテンツを制作するために必要なスキル（ICTを含む）を身に付ける。

（原文）

Information Literacy

Define and articulate information needs

Locate and access infor-mation

Assess infor-mation

Organize information

Make ethical use of infor-mation

Communicate information

Use ICT skills for information processing

Media Literacy

Understand the role and functions of media in democratic societies

Understand the conditions under which media can fulfil their functions

Critically evaluate media content in the light of media functions

Engage with media for self-expression and democratic participation

Review skills (including ICTs) needed to produce user-generated content

〈出典：『Media and information literacy curriculum for teachers』p17「UNIFYING NOTIONS OF MEDIA AND INFORMATION LITERACY」（https://unesdoc.unesco.org/ark:/48223/pf0000192971）〉

法政大学キャリアデザイン学部の坂本旬教授はこれ
らの定義を統合して以下の様に纏めています。

> 　メディアリテラシーとは、民主主義社会におけ
> るメディアの機能を理解するとともに、あらゆる
> 形態のメディアメッセージへアクセスし、批判的
> に分析評価し、創造的に自己表現し、それによっ
> て市民社会に参加し、異文化を超えて対話し、行
> 動する能力である。

〈出典：『メディアリテラシー　吟味思考（クリティカルシ
ンキング）を育む』(時事通信社)〉

メディアリテラシーとしての
クリティカルシンキング

　前項で坂本教授が統合したメディアリテラシーの定
義に「批判的に分析評価」することが述べられていま
すが、ここに、メディアリテラシーとクリティカルシ
ンキングの接点を見出すことができます。
　テレビや新聞などの従来型マスメディアで報道され
た情報でも、私たちは合理的ではない買い占めに走っ
たり、いたずらに不安がって根拠の無い風評被害を拡

散させたりします。さらに近年では、インターネットという誰もが手軽に情報を発信したり拡散させることができるメディアが登場したため、より一層過剰な防衛行動や偏見、誹謗中傷などの攻撃的な行為に走りやすくなっていると言えます。

このとき、私たちはメディアの性格や情報の加工、発信や拡散の目的などに注意しなければなりません。

京都大学大学院教育学研究科の楠見孝教授は、メディアリテラシーが大きく次の3つの要素で構成されていると指摘します。

- メディアの表現技法の知識：メディアの表現技法や制作過程、メディアそれぞれの特質やマスメディアなどの企業の目的に関する知識
- メディアのバイアスに気付く能力：メディアから発信される情報について、そのバイアスに気付き、批判的に分析・評価・能動的に選択して、読み解く力
- 情報を収集・活用する能力：メディアにアクセス・選択し、能動的に活用する能力。さらに、メディアを通じてコミュニケーションする能力

〈出典：『メディアリテラシー　吟味思考（クリティカルシンキング）を育む』（時事通信社）〉

つまり、マスメディアからの情報を批判的に読み解くためには、マスメディアからの情報には編集や加工が施されていることや、マスメディアは利潤追求体であることを知ることが重要だと指摘しているのです。

　楠見教授はさらに、テクノロジーの進歩によりマスメディア以外の情報を利用するリテラシーの必要性も説いています。すなわち、コンピューターリテラシーとインターネットリテラシー、ICTリテラシーを総称したテクノロジーリテラシーの必要性です。

　このとき、テクノロジーリテラシーではツールを利用する操作リテラシーが強調されがちであることに対して、それ以上に情報を分析・評価し行動する批判的思考が重要であると説きます。そこで同教授は、メディアリテラシーに加えて、インターネットメディアによる情報に対するインターネットリテラシーを構成する次の3つの要素を挙げています。

- インターネットの特性に関する知識：インターネットは、誰でも発信・拡散できるため、情報は玉石混交であり、発信者の専門性（研究歴）や所属機関が情報評価の外的手がかりとなることなど
- インターネットの情報のバイアスに気付く能力：

インターネットにおける情報について、そのバイアスに気付き、批判的に分析・評価・能動的に選択して読み解く力
- インターネット上の情報を収集・活用する能力：インターネットを主体的に活用して、複数の情報源から情報収集し、発信者の立場や背景にある動機に考慮して、その信頼性と専門性を評価した上で、情報を活用し、情報発信、問題解決や行動決定を導く能力

〈出典：『メディアリテラシー　吟味思考（クリティカルシンキング）を育む』（時事通信社)〉

　現代では、特に若い人たちはマスメディア以上にインターネット上で情報に接する機会が多いことでしょう。しかしインターネット上の情報には、チェックが行われず根拠が薄い情報が飛び交っています。また、改変や拡散も容易です。そのため、意図しない拡散が行われやすいと同時に意図的な拡散によるミスリードも容易だと考えることができます。

　しかし、インターネットは情報を集めたり発信したりするには極めて利便性の高いメディアです。それだけに、メディアリテラシーとしてのクリティカルシンキングのスキルが必要とされています。

メディアに接する際の
バイアス

　本章ではメディアリテラシーとしてのクリティカル
シンキングの重要性を見てきましたが、実際のとこ
ろ、私たちがメディアからの情報に対して批判的に評
価する習慣を身に付けるのは容易ではありません。そ
れは、どうしてもこれまでの習慣として、情報を評価
する際にバイアスをかけてしまうためです。

　この情報を評価する際のバイアスについて、前述の
楠見教授は「信念バイアス」、「確証バイアス」、「ベテ
ランバイアス」の３種類に分類しています。

　「信念バイアス」は、自分や自分が属している集団
の信念に当てはまるかどうかで情報の信頼性を評価し
てしまうという場合です。信念というのは簡単には変
わりませんから、たとえば、自分や自分が属する集団
がワクチンについて効果があり安全だという信念を
持っていると、新型コロナウイルスのワクチンについ
て安全で効果があると主張する感染症の専門家と、安
全性は保証されていないし効果も疑わしいと主張する
同じく感染症の専門家がいた場合、信念に当てはまる
専門家の意見の方を高く評価し、信念に反する専門家

の意見を低く評価してしてしまうことがあると言うのです。つまり、評価の根拠が理論や統計といった客観的な根拠とは限らないのです。

「確証バイアス」は、情報収集の段階で、自分の信念を裏付けるのに都合の良い情報を重視する傾向がある反面、信念にそぐわない情報を無視する傾向があるというものです。その結果、情報の信頼性よりも信念との合致度を重視してしまい、誤った結論を導き出してしまう場合があります。

「ベテランバイアス」とは、ベテランが情報を解釈して仮説を立てる際に、豊富な経験があることで却って偏った解釈の下に仮説を立ててしまうバイアスです。したがって、必ずしも経験豊富なベテランの主張が確かであるとは言えない場合があります。

以上の３つのバイアスは、自覚することが難しいと言えます。

また、同教授は「流暢性（りゅうちょうせい）」もバイアスを引き起こす原因になると言います。流暢性とは、人が情報を素早く処理できたと感じることです。つまり情報を流暢に処理できたと感じたときに、その情報に対する批判的姿勢が薄れてしまうのです。

たとえば、情報がインフォグラフィクスで視覚的に表現されていたり、簡潔で短い文章が洗練された書体やレイアウトで表示されたりしていると、すんなりと理解できたつもりになり、バイアスがかかりやすくなります。

　つまり、情報が素速く処理されると心地よさを感じて、その情報の信頼性が高いと錯覚してしまうのです。

　したがって、私たちは流暢性を自覚した時は、自動的に素速く処理された情報に対して、クリティカルシンキングによりバイアスを修正する必要があります。

あとがき

　本書の最後に、付け加えるべきことがあります。

　本書はクリティカルシンキングへの入り口として書かれました。ですから、本書がクリティカルシンキングの全てを語っているわけではありません。また、必要に応じてロジカルシンキングなど他の思考法の助けを借りることで、思考することとはどのようなことかの理解を促せるのではないかと判断して説明しているところもあります。

　残念ながら、クリティカルシンキングは知識を得た途端にすぐさま実践できるほど容易な思考法ではありません。かくいう筆者自身、未だ日々精進の最中にあります。

　ともすると、人は無批判な思考に流されやすい存在です。ですから、「あ、いけない。今のことはもっと吟味して考えなければ」と思い出してはクリティカルシンキングを実践することを繰り返すことでしか、クリティカルシンキングは身に付けることができないと思っています。とにかく、諦めないことが肝心と言えます。

　現在はVUCAの時代と呼ばれることのある予測不可能な時代です。グローバル化が進みITが進化し、

ソーシャルネットワークが進んだことで、意外な出来事が自分の生き方に思わぬ影響を与える時代です。

このような時代には、これまでの成功経験が必ずしも役に立つとは保証されませんし、信頼性が高いと思われてきたメディアの情報が必ずしも真実であるとも限りません。また、大勢の意見が正しいとも限りませんし、逆に少数派の意見の方が真実である可能性もあるのです。

このような時代に、より正しい判断を行い行動するためには、クリティカルシンキングのスキルが必要です。

本書を読まれたみなさんが、クリティカルシンキングやその他の思考法に興味を持ち、VUCAの時代において自らの人生を切り拓く術を手に入れることを目指していただければ著者にとっては何よりの喜びです。

一人でも多くの人がクリティカルに状況を分析・判断して行動することができるようになれば、社会もより良い方向に導くことができるかもしれません。

その意味では、読者のみなさんは私の同志だと思っています。みなさんと共に、それぞれの人生や社会を、より善き方向に進めることができればと願っています。

■ 参考書籍

『実践型クリティカルシンキング　特装版』（佐々木裕子　ディスカヴァー・トゥエンティワン）

『改訂3版 グロービスMBAクリティカル・シンキング（グロービスMBAシリーズ）』（グロービス経営大学院　ダイヤモンド社）

『ニュートン新書 基礎からわかるクリティカル・シンキング』（ジョナサン ヘイバー　ニュートンプレス）

『大学生のためのクリティカルシンキング：学びの基礎から教える実践へ』（レスリー－ジェーン・イールズ－レイノルズ, ブレンダ・ジャッジ, その他　北大路書房）

『クリティカルシンキング 入門篇：あなたの思考をガイドする40の原則』（E. B. ゼックミスタ, J. E. ジョンソン　北大路書房）

『クリティカルシンキング 実践篇：あなたの思考をガイドするプラス50の原則』（E. B. ゼックミスタ, J. E. ジョンソン　北大路書房）

『通勤大学MBA3 クリティカルシンキング（新版）』（グローバルタスクフォース　総合法令出版）

『メディアリテラシー 吟味思考（クリティカルシンキング）を育む』（坂本 旬, 山脇 岳志, 他）

memo

吉岡順次

経営コンサルタント
株式会社ビジクル代表取締役

経歴：定時制高校卒業。国内大学院にて経営学 MBA 取得。大学院等で経営学を教える。サラリーマンを経て数々の事業を起こし、現在は経営コンサルタントや研修講師として活動中。
本書は、私自身の視点からクリティカルシンキングを深く掘り下げたものです。これまでの経験や知識を活かし、読者の皆様により深い考察やより良い判断を下すためのスキルとして活用していただける内容になっています。皆様にとって、本書は新しいアプローチを提案となるでしょう。難しい内容もなるべく読者の皆様により深い理解を得ていただけるよう、クリティカルシンキングのスキルを身につけていただけるよう、わかりやすく解説いたしました。皆様のスキルアップの一助になれば幸いです。

ビジネスパーソンのためのクリティカルシンキング入門
VUCA の時代の思考のヒント

2023 年 5 月 19 日　初版第 1 刷発行

著　者	**吉 岡　順 次**
発 行 者	**中 野　進 介**
発 行 所	**㈱ビジネス教育出版社**

〒102-0074　東京都千代田区九段南 4 - 7 - 13
TEL 03（3221）5361（代表）／ FAX 03（3222）7878
E-mail▶info@bks.co.jp　URL▶https：//www.bks.co.jp

印刷・製本	萩原印刷
ブックカバーデザイン	飯田理湖
本文デザイン・DTP	坪内友季
編集協力	地蔵重樹

ISBN978 - 4 - 8283 - 1002 - 2